Hoffmann · Pfeiffer | Der Stein von Rosetta

Friedhelm Hoffmann
Stefan Pfeiffer

Der Stein von Rosetta

Reclam

Wir widmen dieses Buch unseren Ehefrauen Beate und Silke.

Durchgesehene, aktualisierte Auflage 2024

RECLAMS UNIVERSAL-BIBLIOTHEK Nr. 14200
2021, 2024 Philipp Reclam jun. Verlag GmbH,
Siemensstraße 32, 71254 Ditzingen
Umschlagabbildung: Detail des Rosettasteins – CC BY-2.0 /
Paul Hudson
Druck und Bindung: Esser printSolutions GmbH,
Untere Sonnenstraße 5, 84030 Ergolding
Printed in Germany 2024
RECLAM, UNIVERSAL-BIBLIOTHEK und
RECLAMS UNIVERSAL-BIBLIOTHEK sind eingetragene Marken
der Philipp Reclam jun. GmbH & Co. KG, Stuttgart
ISBN 978-3-15-014200-4

Auch als E-Book erhältlich

www.reclam.de

Inhalt

Vorwort

Der Rosettastein ist ein Besuchermagnet im British Museum, und viele erkennen ihn schon auf Anhieb an seiner charakteristischen Form. Wohl die meisten wissen, dass er bei der Entzifferung der Hieroglyphenschrift eine wichtige Rolle gespielt hat – aber was steht eigentlich auf ihm? Welche Texte trägt er und von wann ist er? Die Gleichzeitigkeit von Bekanntheit und Unwissen über dieses Denkmal, seine Bedeutung für die Ägyptologie sowie die Altertumswissenschaften im Allgemeinen und sein Inhalt haben uns dazu bewogen, zum 200. Jahrestag der Hieroglyphenentzifferung dieses Buch zu verfassen. Wir verfolgen damit mehrere Ziele.

Erstens wollen wir natürlich an die Entdeckung des Rosettasteins erinnern, indem wir sie in ihrem historischen Kontext betrachten (S. 11 ff.). Nicht jedem dürfte klar sein, dass ein großer Wissenschaftlerstab Napoleon auf seinem 1798 begonnenen Ägyptenfeldzug, in dessen Verlauf der Rosettastein entdeckt wurde, begleitet hat: Die wissenschaftliche Beschäftigung mit dem alten Ägypten wurde damals auf eine neue Basis gestellt.

Zweitens gilt es zu betonen, dass auch ohne den Rosettastein die ägyptischen Hieroglyphen entziffert worden wären, gibt es doch eine Vielzahl vergleichbarer Denkmäler, die sog. Synodaldekrete der ägyptischen Priester, ja sogar Duplikate zum Text des Rosettasteins (S. 26 ff.).

Drittens möchten wir zeigen, dass der Rosettastein allein nicht *den einen* Schlüssel zur Entzifferung der Hieroglyphen bot, zumal der hieroglyphische Text auf dem Rosettastein lediglich ein Bruchstück ist (ebenfalls S. 33 ff.).

Viertens wollen wir uns dem historischen Kontext und dem Inhalt des Textes zuwenden und ihn in einer bequem lesbaren Form zugänglich machen und kommentieren (S. 89 ff.). Aufgrund der Zersplitterung der Wissenschaften, die sich mit dem Altertum beschäftigen, wird der Rosettastein häufig nur höchst einseitig wahrgenommen. Für viele heutige Ägyptologen spielt der *hieroglyphische* Text zudem kaum mehr eine Rolle, betrifft er doch eine vergleichsweise späte Phase des vorchristlichen Ägypten, zeitlich weit weg von den »großen« pharaonischen Epochen. Der Stein ist des Weiteren nur ein Fragment, aus dem allein sich kein zusammenhängender hieroglyphischer Text ergibt. Die *demotische* Fassung ist zwar gut erhalten, doch ist sie allenfalls für Spezialisten von Interesse. Althistoriker wiederum, die die Ptolemäerzeit erforschen, wenden sich vor allem dem *griechischen* Text zu. Denn das Altgriechische ist ihnen auch in seiner Phraseologie und ganzen Ausdrucksweise leichter zugänglich als die anderen beiden Sprachen. Insofern bleibt es jeder dieser Sparten der Altertumswissenschaften leicht verborgen, wie sehr sich die drei Fassungen tatsächlich gegenseitig erhellen.

Unser Ziel ist es daher fünftens, erstmals in deutscher Übersetzung wirklich alle drei Fassungen nebeneinanderzustellen. So vermag der Leser durch die Parallelisierung der Übersetzungen der drei Versionen ihre jeweiligen Eigentümlichkeiten deutlicher zu erkennen. Da sich die Fassungen aber zugleich gegenseitig erklären, werden sie in der vorliegenden Präsentationsweise besser ›verdaulich‹ und, wie wir hoffen, von den jeweils anderen Disziplinen in Zukunft eher rezipiert.

Sechstens schließlich haben wir während unserer Arbeit am Text einige Entdeckungen gemacht, so dass wir auch aus fachlicher Sicht Neues mitteilen möchten.

Um dem Buch eine möglichst weite Verbreitung zu ermöglichen, haben wir auf eine wissenschaftliche Neuedition des Rosettadekretes verzichtet und lediglich unsere Übersetzungen auf der Grundlage existierender Publikationen und bisheriger Arbeiten am Text vorgelegt. An vielen Stellen sind die Texte nicht selbsterklärend, teils auch sperrig. Erklärende Erläuterungen (S. 89 ff.) sollen dem Leser dennoch eine historische und kulturelle Einordnung ermöglichen.

Für die vorliegende neue Auflage haben wir einige Versehen korrigiert und neue Forschungsergebnisse eingearbeitet.

Friedhelm Hoffmann und Stefan Pfeiffer

Die Entdeckung des Rosettasteins

Napoleon Bonaparte begann 1798 seinen Feldzug nach Ägypten, das damals Teil des Osmanischen Reiches war.[1] Ziel des Unternehmens war es, die englische Vorherrschaft im Mittelmeer und insbesondere die Verbindung Englands mit Indien zu treffen. Bonaparte wollte Ägypten seiner Herrschaft unterwerfen. Es sollte erforscht und nach westlichen Vorstellungen umgestaltet werden. Der zweifachen Zielsetzung des Unternehmens entsprach es, dass Bonaparte nicht nur mit einer großen Armee, sondern auch mit mehr als 150 Wissenschaftlern, Ingenieuren und Technikern am 19. Mai 1798 nach Ägypten aufbrach. Er besetzte Malta und betrat am 1. Juli ägyptischen Boden. Vor der Schlacht bei den Pyramiden am 21. Juli soll er die berühmten Worte ausgerufen haben: »Soldaten, von diesen Pyramiden schauen vierzig Jahrhunderte auf euch herab.« Die Schlacht endete mit einem Sieg der Franzosen, Kairo wurde eingenommen.

Um das wissenschaftliche Ziel zu erreichen, gründete Napoleon schon am 22. August nach dem Muster des Pariser Institut national de France in Kairo das Institut d'Égypte. Das ganze Land wurde vermessen und kartographiert, Gesteine, Tiere und Pflanzen wurden gesammelt, Wetterdaten erhoben, das moderne und das antike Ägypten wurden gezeichnet und beschrieben. Die Arbeit der Wissenschaftler war allerdings höchst schwierig. Sie hetzten im Gefolge der französischen Armee, deren militärische Lage zunehmend heikler wurde, bis nach Philä ganz im Süden Ägyptens durch das Land und taten ihre Arbeit.

Zugleich war an der Mittelmeerküste ein Angriff der Engländer zu erwarten, die unter Nelson bereits die französische Expeditionsflotte auf dem Mittelmeer verfolgt hatten. Daher sicherte man die Küste. Eine der Festungen, die die Franzosen ausbauten, war das Fort Julien[2] in Rosetta (französisch Rosette, arabisch Raschid), an der sog. bolbitischen Nilmündung im Nordwesten des Deltas am linken Flussufer gelegen.

Betraut mit den Arbeiten war der Leutnant Pierre François Xavier Bouchard, dessen Lebensweg exemplarisch für einen Franzosen der Revolutionszeit stehen kann. Er war am 29. April 1771 in Orgelet als Sohn eines Tischlers geboren worden. Nachdem der junge Pierre François Xavier das *collège* in Besançon zwei Jahre lang besucht hatte, wurde er zum Militärdienst eingezogen. Während dieser Zeit machte er die Feldzüge in der Champagne und gegen Belgien mit und kam im August 1794 zur 2. Luftschiffkompanie nach Meudon. Dort zog er sich im Juni 1795 schwere Verletzungen bei einer Explosion zu und verlor ein Auge. Die nächste Ausbildungsetappe waren Geometrie und Festungsbau an der École polytechnique in Paris. Bouchard erhielt am 20. April 1798 den Einberufungsbescheid für das Militärunternehmen nach Ägypten, heiratete am 23. April und brach am 19. Mai von Toulon aus mit der französischen Expeditionsflotte nach Ägypten auf.

Bei Terrassierungsarbeiten im Fort Julien stießen Leutnant Bouchard und seine Männer, die dem Befehl des Chefs des Pionierbataillons Dhautpoul unterstanden, im Juli 1799 auf alte Substruktionen. Und in diesen Mauern fand sich u.a. ein großer antik bearbeiteter Steinblock, der dort in späterer Zeit wiederverwendet worden war: eben der berühmte Rosettastein. Das Entdeckungsdatum lässt sich nicht genauer als auf den Zeitraum vom 14. bis zum 25. Juli

Abb. 1 Fort Julien an der Mündung des sog. bolbitischen Nilarms: der Fundort des Rosettasteins. Künstlerische Darstellung aus der ersten Gesamtübersetzung aller drei Texte von 1858

1799 eingrenzen. Bouchard scheint sich der Bedeutung seines ungewöhnlichen Fundes bewusst gewesen zu sein, denn er informierte seinen Vorgesetzten, General Menou. Dieser veranlasste sofort eine Übersetzung des griechischen Textes.

Zugleich schickte der für Brücken und Straßen zuständige Ingenieur Michel-Ange Lancret einen Brief an das Institut d'Égypte, der dort in der Sitzung vom 29. Juli 1799 verlesen wurde.[3] Die offizielle Bekanntgabe der Entdeckung erfolgte in der Nr. 37 des *Courir de l'Égypte*, des Mitteilungsorgans der Armée d'Orient, am 15. September 1799; sie ist nach dem französischen Revolutionskalender datiert:

> Rosette, den 2. Fructidor, Jahr 7 – Bei den Festungsarbeiten, die der Bürger Dhautpoul, Befehlshaber des Pionierbataillons, an der alten Festung von Raschid, am linken Ufer des Nils gelegen, bei dreitausend Klafter [ca. 5,8 km] vom *boghas* [= Mündung] des Rosettaarms hat ausführen lassen, hat er bei den Grabungen einen Stein von sehr schönem schwarzen Granit, von sehr feiner Körnung, sehr hart für den Hammer, gefunden. Seine Maße sind 36 Zoll Höhe auf 28 Zoll Breite und 9–10 Zoll Dicke. Eine einzige gut geglättete Fläche bietet drei verschiedene und in drei parallele Streifen getrennte Inschriften.

Dann werden die einzelnen Schriftfelder genauer beschrieben, ehe Lancret schließt:

> Dieses Stück ist für das Studium der hieroglyphischen Zeichen von großem Nutzen, vielleicht wird es endlich den Schlüssel dazu liefern.
>
> Der Bürger Bouchard, Offizier der Pioniertruppe, der unter dem Befehl des Bürgers Dhautpoul die Arbeiten der Festung von Raschid durchgeführt hat, ist beauftragt worden, diesen Stein nach Kairo transportieren zu lassen. Er ist jetzt in Boulaq [= ein Stadtteil von Kairo].

Hier ist der Höherrangige – Dhautpoul war Hauptmann, Bouchard Leutnant – als Entdecker genannt. Doch 1801 heißt es in Band 3 von *La Décade Égyptienne* auf Seite 293 über die Sitzung des 29. Juli 1799 und den Brief Lancrets:

> Verlesen wurde ein Brief, in dem der Bürger Lancret, Mitglied des Instituts, mitteilt, dass der Bürger Bouchard,

Pionieroffizier, in der Stadt Rosette Inschriften entdeckt hat, deren Untersuchung viel Nutzen bringen kann.[4]

In Ägypten hatte sich die militärische Lage fast ein Jahr vor der Entdeckung des Rosettasteins dramatisch geändert: Am 1. August 1798 hatte Nelson die französische Flotte vor Abukir, zwischen Rosetta und Alexandria gelegen, vernichtend geschlagen. Damit waren die französischen Truppen in Ägypten auf sich allein gestellt. Bonaparte ließ sie unter General Kléber im Orient zurück und segelte nach Frankreich, wo er am 9. Oktober 1799 ankam und am 9. November als Erster Konsul die Macht übernahm.

Der Stein von Rosetta wurde also nach Kairo ins Institut d'Égypte gebracht. Die zitierte Veröffentlichung im *Courir de l'Égypte* spricht davon: Bouchard war für den Transport verantwortlich. Mitte August kam das Denkmal in Kairo an und wurde gleich studiert. Ungeklärt war z. B. zunächst, in welcher Schrift und Sprache der mittlere Text abgefasst war. Um möglichst viele Kollegen an den Entzifferungsbemühungen teilhaben zu lassen, fertigten die französischen Forscher in verschiedenen Techniken Kopien an.[5] Sie benutzten den Stein selbst sogar als Druckplatte und erstellten auf diese Weise Abdrücke auf Papier.[6] Geplant war, die Stele nach Paris zu bringen, wo sie Napoleons Ruhm verherrlichen sollte.

Aber es kam anders. Unterstützt von den Briten rückte eine türkische Armee durch Syrien nach Ägypten vor. Kléber wollte weiteres Blutvergießen verhindern und begann unter Vermittlung von Sir Sidney Smith Verhandlungen, die mit der am 28. Januar 1800 unterzeichneten Vereinbarung von El-Arisch erfolgreich abgeschlossen werden konnten. Sie sah einen ehrenhaften Abzug der Franzosen vor. Einige der französischen Gelehrten packten daraufhin ihre Sachen zusammen, u. a. auch den Stein von Rosetta, und verließen am 4. Februar 1800 Kairo. Das Unternehmen endete jedoch in einer Quarantäne, während derer man auf den Ausgang der militärischen Auseinandersetzung wartete. Und schließlich mussten die Gelehrten mitsamt dem Rosettastein wieder nach Kairo zurückkehren.

Die britische Regierung war mit den günstigen Bedingungen, die die Franzosen in El-Arisch ausgehandelt hatten, nicht einverstanden und verweigerte die Ratifikation. So wandte sich Kléber gegen die türkischen Truppen und besiegte sie am 20. März bei Heliopolis. Doch am 14. Juni wurde er ermordet. Den Oberbefehl übernahm General Abdallah Jacques Menou, der zum Islam konvertiert war. Er musste sich einer britischen Landung in der Bucht von Abukir und einem erneuten türkischen Vorstoß von Osten her im Sommer 1801 geschlagen geben. Am 18. Juni fiel Kairo, während Menou im Hauptquartier in Alexandria war, wohin man den Stein zwischen dem 6. und dem 14. April schon transportiert hatte. Das war rückblickend aus französischer Perspektive ein Fehler. Denn Menou konnte für Alexandria nicht so gute Konditionen heraushandeln wie Belliard, der französische Befehlshaber Kairos: Letzterer hatte erreicht, dass die Franzosen mit ihrem ganzen Besitz, allen ihren Aufzeichnungen und den von ihnen gesammelten Denkmälern aus Kairo abziehen durften. Menou musste hingegen am 3. September kapitulieren und durfte auch den Rosettastein, der sich in seinem »persönlichen Gepäck« befand, nicht behalten. So geriet das Denkmal als Kriegsbeute in britischen Besitz.[7] An Bord der

Égyptienne – auch sie erbeutet! – wurde er nach England verschifft, wo er im Februar 1802 in Portsmouth ankam. Am 11. März gelangte er in die Obhut der Society of Antiquaries in London, die nun eine Reihe von Abdrücken und Kopien anfertigen ließ. Im Juni übergab schließlich König George III. den Stein dem British Museum, wo er gleich ausgestellt wurde. Zwei neuzeitliche Aufschriften auf den Seitenflächen des Rosettasteins erinnern daran: »Captured in Egypt by the British Army, 1801« und »Presented by King George III«. Auf diese Weise war aus einem antiken Inschriftenstein eine Kriegstrophäe geworden.

Bouchard wurde bei der Kapitulation des Fort Julien am 8. April 1801 britischer Kriegsgefangener. Sein weiteres wechselvolles und abenteuerliches Leben muss hier nicht nacherzählt werden. Denn er interessierte sich für die wissenschaftliche Forschung zu seinem berühmten Fund nach allem, was man weiß, nicht weiter. Am 5. August 1822 starb er in Givet sur Mense,[8] nur wenige Wochen bevor Champollion in seiner berühmten *Lettre à M. Dacier* – sie ist auf den 22. September 1822 datiert – seine Ergebnisse in der Entzifferung der ägyptischen Hieroglyphenschrift bekannt machte (s. dazu S. 150 f.).

Die Forscher, die Napoleon nach Ägypten mitgenommen hatte, kehrten, soweit sie noch am Leben waren, nach Frankreich zurück und machten sich an die Herkulesaufgabe, ihre Dokumentationen und Erkenntnisse zu veröffentlichen. Das Ergebnis ist die *Description de l'Égypte*, ein Riesenwerk, dessen Erscheinen sich über viele Jahre hinzog. Der Tafelband 5 der Altertümer enthält als Tafeln 52–54 Abbildungen des Rosettasteins. Dieser Band erschien tatsächlich erst 1822, er hatte also keinen Einfluss mehr auf die eigentliche Entzifferungsarbeit. In den Erläuterungen zu Tafel 52 findet sich ein kurzer Bericht über die Entdeckung und das weitere Schicksal des Rosettasteins:

> Bei der Durchführung von Grabungen nahe bei der Festung von Rosette, eine Meile [ca. 4,5 km] nördlich von dieser Stadt gelegen und in gleicher Entfernung zwischen der Stadt und der Nilmündung, fand man dieses Monument; die gelehrte Welt ist dem Pionierhauptmann Bouchard, einem früheren Schüler der polytechnischen Schule, für diesen wertvollen Überrest des Altertums zu Dank verpflichtet. Sobald er gefunden war, hat Herr Lancret, der damals einen Auftrag in Rahmânyeh ausführte, die Entdeckung dem Institut du Kaire angezeigt, das sich beeilt hat, den Stein bringen zu lassen und Abdrücke davon machen zu lassen. Seitdem ist das Denkmal nach Alexandria transportiert worden, und dort hat es der kommandierende General der britischen Armee vom französischen General aufgrund eines Artikels der Kapitulation erhalten.

Der Rosettastein und der Inhalt seiner Inschrift

Was hatten die Franzosen da eigentlich gefunden, das mit seinen drei Schriften etwas mehr als zwei Jahrzehnte später einen der Schlüssel zur Entzifferung der Hieroglyphenschrift und damit zur Erschließung der ägyptischen Sprache liefern sollte (vgl. S. 139 ff.)? Es handelt sich bei dem Text um ein sog. Ehrendekret, das die versammelten ägyptischen Priester im März 196 v. Chr. während einer Synode zu Ehren von Ptolemaios V. verabschiedet haben. Sie hatten sich in Memphis, der alten Hauptstadt der Pharaonen, anlässlich von Feierlichkeiten zur Krönung des gerade einmal 14 oder 15 Jahre alten Königs zum Pharao getroffen. Dieser war der fünfte Vertreter der ursprünglich aus Makedonien stammenden Dynastie der Ptolemäer, die ihre Residenz in Alexandria an der ägyptischen Mittelmeerküste hatte (s. dazu S. 89 ff.). Ägypten befand sich nämlich seit seiner Eroberung durch Alexander den Großen über 135 Jahre zuvor (332 v. Chr.) unter griechisch-makedonischer Fremdherrschaft.

Ptolemaios war bereits seit dem Kleinkindalter griechischer König – wir befinden uns zum Zeitpunkt der Synode in seinem neunten Regierungsjahr. Er sollte nun wie alle seine Vorgänger auch für die ägyptischen Untertanen zu einem rechtmäßigen Pharao werden (s. dazu S. 97 f.).

Auf ihrer Versammlung beschlossen die Priester zudem Ehrungen für den gerade inthronisierten Pharao, die ihn zu einem Gott mit entsprechenden Kulten in jedem ägyptischen Tempel erhoben. Ehrungen und Vergöttlichung wiederum bedurften in der Antike immer auch einer vorausgegangenen persönlichen Leistung des zu Ehrenden. Ptolemaios nun hatte, so die Priester, dem Land und insbesondere den Tempeln größte Wohltaten erwiesen, u.a. Steuern erlassen, Gefangene befreit, die Tierkulte gefördert, und vor allem hatte er einen Sieg über eine rebellische Stadt im Nildelta errungen, die von gottlosen Feinden, so heißt es, besetzt worden war und die der König nach erfolgreicher Belagerung wieder befriedet hatte. Natürlich waren all dies in Wirklichkeit Leistungen der Vormünder des Königs gewesen.

Die Begründung für die Ehrungen und die einzelnen Maßnahmen legten die Priester schriftlich in dem Dekret nieder (s. §§3–21.), das eben auch der Stein von Rosetta überliefert. Das Dekret sollte, so wie es die letzte Vorgabe des Beschlusses festhält, in Hieroglyphen, der ägyptischen Kursivschrift des Demotischen und auf Griechisch auf Denksteinen in jedem Tempel des Landes veröffentlicht werden, damit alle Untertanen erfahren konnten, in welchen Ehren der neue Pharao in den Heiligtümern stand. Es wird also zahlreiche Exemplare des Dekretes zu Ehren von Ptolemaios V. in ganz Ägypten gegeben haben: Vier davon sind wenigstens teilweise erhalten (vgl. S. 26 ff.) – und eine dieser Kopien fanden eben die französischen Truppen bei den Schanzarbeiten im ägyptischen Rosetta.

Die ägyptischen Priestersynoden

Die Priester Ägyptens trafen sich in ptolemäischer Zeit regelmäßig zu Synoden wie derjenigen im März 196 v. Chr. in Alexandria, Memphis oder anderen Orten, um über die Angelegenheiten der Tempel zu beraten.[1] Da solche Versammlungen in vorptolemäischer Zeit nicht belegt sind (von einigen wenigen Ausnahmen abgesehen), ist davon auszugehen, dass die Synoden auf Veranlassung des makedonischen Fremdherrschers zusammenkamen.

Im Rahmen ihrer Versammlungen besprachen die Priester nicht nur Verwaltungsangelegenheiten der Tempel oder Dinge, die den Kult im Allgemeinen betrafen, sondern sie beschlossen anlässlich bestimmter Ereignisse, etwa großer Siege des Königs, die Einbindung des griechischen Herrscherkultes in die ägyptischen Tempel; die göttliche Verehrung des Königs, wie sie in Alexandria auf griechische Weise bereits bestand, gestalteten sie auf ägyptische Art aus und führten sie in die Tempel ein. Die uns auf Stein erhaltenen Beschlüsse betreffen genau solche Fälle, denn die Vergöttlichung des Königs sollte allen Untertanen kundgetan werden. Das Rosettadekret ist das sicherlich bekannteste Beispiel für einen solchen Beschluss.

Die folgenden Priestersynoden sind belegt:

	Jahr v. Chr.	*Versammlungsort*	*Aktuelle Bearbeitung*
Ptolemaios III.	243	Alexandria	El-Masry u. a. 2012
	238	Kanopos	Pfeiffer 2004
Ptolemaios IV.	221–218	Memphis?	Raphaël 1938

	217	Memphis	= Raphiadekret; Gauthier/Sottas 1925; Thissen 1966
Ptolemaios V.	196	Memphis	**= Rosettadekret**
	vor 194?	?	Devauchelle 1986, 46 f.
	186	Alexandria	Recklinghausen 2018
	185	Memphis	Recklinghausen 2018
	182	Memphis	Nespoulous-Phalippou 2015
Ptolemaios VI.	162/161	?	Lanciers 1987b
unsicher:			
Ptolemaios IX.	112	?	Bernand 2001, Nr. 30; Vleeming 2001, Nr. 141; Vleeming 2011, xxviii

Um ihre Beschlüsse zu verschriftlichen, bedienten sich die Priester einer Textgattung, die in Ägypten zuvor unbekannt gewesen war: Sie nutzten die griechische Form des Volksbeschlusses, im Griechischen *pséphisma* genannt, was sich von den *pséphoi*, den Stimmsteinen, ableitet, mit denen die Entscheidung bei einer Abstimmung getroffen wurde. Die Dekrete der ägyptischen Priester haben also ihren Ursprung in den Gepflogenheiten griechischer demokratischer Städte.

Eine Sonderform des *pséphisma* stellt das Ehrendekret dar, mit dem die Städte der griechischen Welt ihre eigenen Bürger oder Bürger befreundeter Städte, aber besonders hellenistische Könige oder deren Funktionsträger für zuvor gewährte Wohltaten ehren konnten. Vor allem die hellenistischen Könige bekamen in diesem Zusammenhang göttliche Kulte von den unter ihrer Herrschaft stehenden Städten eingerichtet. Die Heraushebung des Königs als Gottheit ermöglichte es den formal autonomen und freien Städten erstens, die neue Situation von politischer Abhängigkeit vom König unter gleichzeitiger Wahrung ihrer demokratischen Freiheit und Autonomie zu kaschieren: Er trat als neuer Gott schlicht neben die alten städtischen Götter. Zweitens nahmen die Städte den König mithilfe der ihm gewährten Kulte auch in die Pflicht, sich einer Gottheit entsprechend zu verhalten. Kulte für den König bedeuteten somit seine Bindung an bestimmte Verhaltensweisen.

Rein formal gesehen ähnelt also das, was die Priester Ägyptens im Rahmen ihrer Versammlungen für die Ptolemäer beschlossen, dem, was griechische Städte für die hellenistischen Könige taten: Sie berichten über die Wohltaten des Königs und verabschieden im Anschluss formal autonom und frei, wie der König als ägyptischer Gott in den Tempeln Ägyptens zu verehren ist.

Es ist anzunehmen, dass die Synoden aller ägyptischen Priester diesen gleichzeitig auch Handlungsmacht und damit eine Art ständisches Selbstbewusstsein im Auftreten gegenüber dem Königshaus geben konnten. Schließlich waren sie mithilfe der Beschlüsse dazu in der Lage, den König zu weiterhin priesterfreundlichem Handeln zu bewegen.

Für die Zeit nach dem ausgehenden 2. Jh. v. Chr. sind keine Priestersynoden mehr belegt, auch nicht für die römische Zeit. Die Handlungsmacht der Priester scheint eingeschränkt worden zu sein, weil die Herrschenden ihnen kein gemeinsames Forum mehr bieten wollten.

Der Aufbau eines Ehrendekretes

Ein als Dekret publiziertes *psēphisma* folgte in der gesamten griechischen Welt üblicherweise einem mehr oder weniger einheitlichen Schema. Dabei wird gleichzeitig auch das Zustandekommen des Beschlusses selbst festgehalten.[2]

An erster Stelle steht – das mag uns heute ungewöhnlich erscheinen – stets eine ausführliche Begründung für den zu verabschiedenden Beschluss. Erst danach folgen die sich daraus ergebenden Bestimmungen. Im Fall der Priesterdekrete wiederum sind Antragsteller und beschlussfassendes Gremium identisch.

Die ausführlichen Begründungen in solchen Ehrendekreten sind den Beschlussfassenden vor allem deshalb wichtig, weil sie auf diese Weise das Prestige der zu ehrenden Persönlichkeit herausstellen können: Die belobigten Leistungen sollen einerseits andere motivieren, es dem Geehrten gleichzutun, andererseits aber den zu Ehrenden auch dazu anhalten, weiterhin solche Leistungen zu vollbringen.

Mit Blick auf das Dekret von Rosetta ergeben sich folgende Gliederungspunkte, die formal gesehen, bis auf eine kleine, aber für die Priester inhaltlich wichtige Änderung (Nr. 4), anderen griechischen Ehrendekreten folgen.[3] Wir haben die griechischen »Signalwörter« mitangeführt:

1. Ein Dekret beginnt mit einer Datierung nach dem Herrschaftsjahr des Königs und den eponymen Priestern mit der abschließenden Angabe *psēphisma* (§ 1).
2. Es folgt eine Mitteilung über das konkrete Zustandekommen des Zusammentreffens der beschlussfassen-

den Körperschaft, die mit »sie stellten den Antrag« [*eípan*, wörtl. »sie sagten«] endet (§ 2).

3. Die Motivation wird, wie in einem Ehrendekret üblich, mit einem begründenden »da« (*epeidḗ*) eingeleitet (§§ 3–21).
4. Die Besonderheit, die alle Priesterdekrete aus Ägypten von üblichen griechischen Ehrendekreten unterscheidet, ist, dass die Priester nach der Motivation noch den Lohn der Götter für den König thematisieren: »Dafür (*anth' hṓn*) gaben ihm die Götter …«[4] (§ 22).
5. Der Beschluss (§§ 23–32) erhält die in Dekreten übliche Einleitung »Mit gutem Glück (*agathḗ týchē*)! Es haben die Priester … beschlossen (*édoxen*)« (§ 23).
6. Am Ende finden sich schließlich die Veröffentlichungsbestimmungen, die gleichzeitig aber formal Bestandteil des Beschlusses sind: Die Stele soll in allen Tempeln »am bestsichtbaren Ort« (*epiphanéstatos tópos*) aufgestellt werden (§ 33).[5]

Vgl. die detaillierte Inhaltsübersicht auf S. 55 f.

Abb. 2 Die Stele aus Nobaireh (**N**) stammt aus dem Jahr 182 v. Chr. und bietet eine unvollständige Kopie der hieroglyphischen Version des Dekretes des Jahres 196 v. Chr.

Das Dekret von 196 v. Chr.: die Textquellen

Auch wenn der Rosettastein die bekannteste Stele mit dem Dekrettext aus dem Jahr 196 v. Chr. ist, so muss man sich bewusst machen, dass es noch weitere Textzeugen gibt. Sie alle seien hier zusammen mit dem Rosettastein vorgestellt.

Die Stele aus Nobaireh **(N)**[1]

Die Stele von Nobaireh/Naukratis, 1884 gefunden, jetzt im Ägyptischen Museum in Kairo unter der Nummer CG 22188, ist aus Kalkstein und 1,27 m hoch sowie 51 cm breit. Sie hat eine typische oben halbrund abgeschlossene hochrechteckige ägyptische Stelenform und ist nahezu perfekt erhalten. Gelitten hat die Stelenoberfläche vor allem in der linken unteren Ecke, so dass besonders die Anfänge der vier letzten Zeilen beschädigt sind. Darstellungen und Schrift sind wie bei allen hier behandelten Textzeugen ausschließlich in den Stein eingetieft.

Bildfeld

Ganz oben befinden sich das auf ägyptischen königlichen Stelen übliche gebogene Himmelszeichen und die gleichfalls typische geflügelte Sonnenscheibe. Der Himmel wird links und rechts am Rand von je einem Tierkopfzepter, zugleich Hieroglyphe für »Glück, Heil, Herrschaft« o. Ä., gestützt. Beide Zepter laufen als seitliche Begrenzungslinien des Textes sogar bis an den unteren Stelenrand, ein durchaus übliches Gestaltungsmerkmal. Die Sonne ist mit zwei Uräusschlangen versehen, die ihrerseits die Kronen von Ober- (links) und Unterägypten (rechts) tragen. Um ihren Hals hat jede Schlange den sog. Schenring (wohl ein Schutz- und Regenerationssymbol, vielleicht auch ein Hinweis auf die Weltherrschaft des Königs), in dem jeweils ein waagerecht nach außen weisender Wedel steckt, ein Schutzzeichen. Rahmenlinien für zwei Beischriftenzeilen sind eingemeißelt, die Texte jedoch nicht ausgeführt. Darunter kommt nach einem wohl für eine weitere Inschriftenzeile freigelassenen Streifen[2] ein Bildfeld. In ihm sieht man rechts einen König, sicherlich Ptolemaios V., mit der Doppelkrone von Ober- und Unterägypten sowie einem vorn mit zwei sonnenbekrönten Uräen geschmückten Königsschurz samt hinten herabhängendem Stierschwanz. Der König ist gezeigt, wie er gerade einen vor ihm knienden gefesselten Feind mit einer langen Lanze ersticht.

Begleitet wird der Herrscher von seiner Gemahlin. Sie trägt das traditionelle ägyptische enganliegende, knöchellange Frauengewand und die übliche Königinnenkrone, die aus zwei hohen Federn, Kuhgehörn sowie Sonnenscheibe besteht und auch als Krone der Isis häufig vorkommt. Die Königin hält ein Papyruszepter in der rechten, ein Lebenszeichen in der linken Hand.

Dem König gegenüber steht ein Gott, der ihm ein mit Falkenkopf und Sonnenscheibe verziertes Sichelschwert reicht und in der Linken ein Lebenszeichen hält. Einziges ikonographisches Merkmal des Gottes ist abgesehen von

Abb. 3 Umzeichnung des Giebelfeldes der Stele aus Nobaireh (s. das Foto auf S. 26): Begleitet von den göttlichen Vorgängern des Königs überreicht der Luftgott Schu dem Pharao Ptolemaios V. ein Sichelschwert. Der von seiner Gemahlin Kleopatra I. begleitete Herrscher ersticht einen vor ihm knienden und gefesselten Rebellen.

der langen Götterperücke, die von einem Stirnreif mit Uräus an der Stirn gehalten wird, eine Feder auf dem Kopf, die gleichzeitig die Hieroglyphe für den Gottesnamen Schu ist und dadurch den dargestellten Gott eben als Schu charakterisiert. Hinter ihm steht seine löwenköpfige und mit der Sonnenscheibe[3] auf dem Kopf versehene Gemahlin Tefnut; sie hält das übliche Papyruszepter der Göttinnen und ein Lebenszeichen.

Drei vergöttlichte Herrscherpaare folgen den beiden Gottheiten, die Könige jeweils mit einer hohen Atefkrone[4] auf dem Kopf und einem Tierkopfzepter sowie einem Lebenszeichen in den Händen. Die erste und zweite Königin tragen den gleichen Ornat wie die Gemahlin Ptolemaios' V. Die letzte Königin links, die als einzige kein Zepter hält, sondern die Hand erhoben hat, ist mit einer speziellen Krone versehen, die sich aus Unterägyptischer Krone, Doppelfeder und kleinem Kuhgehörn mit Sonnenscheibe zusammensetzt. Vor der Krone einer jeden dieser sechs Herrscherfiguren ist jeweils eine Kartusche, eine runde Umrahmung ägyptischer Königsnamen, angebracht, allerdings wurden alle Kartuschen leer gelassen. Die Identität der Figuren ist aber klar, da die letzte Königin anhand ihrer speziellen Krone als die vergöttlichte Arsinoe II. Philadelphos identifiziert werden kann. Der König vor ihr ist dann ihr Gemahl Ptolemaios II. Philadelphos, und die ihnen vorangehenden Paare sind Ptolemaios III. Euergetes I. mit seiner Frau Berenike II. sowie Ptolemaios IV. Philopator mit Arsinoe III. Sie alle sind die Ahnen von Ptolemaios V. Epiphanes über drei Generationen zurückgehend.

Durch die Bildkomposition wird zum Ausdruck gebracht, dass der König als lebender Horus und Erbe seiner jetzt vergöttlichten und daher zu Osiris gewordenen Vorfahren mithilfe des Gottes Schu den Feind überwindet. Das ist auf mythologischer Ebene die Kernaussage zum Handeln Ptolemaios' V., das er auf Erden in der historischen Realität vollzieht, indem er die Rebellen in der Festung von Lykonpolis überwindet. Den Sieg über den Gegner hat ihm Schu verliehen, der dem Mythos nach in derselben Stadt über seine Feinde triumphiert hatte (vgl. § 16 des Textes). Den Sieg hatte er zusammen mit Horus errungen, an den vielleicht der übliche Falkenkopf am Schwert erinnern soll.

Gemeinsam mit seiner Gemahlin Tefnut bot Schu eventuell die Möglichkeit zu einer höchst interessanten weiteren Anknüpfung Ptolemaios' V. an die Götterwelt. Denn die Götter Schu und Horus waren in der ägyptischen Mythologie miteinander verwandt: Schu und Tefnut, die Nachkommen des eingeschlechtlichen Schöpfergottes Atum und das erste zweigeschlechtliche Paar überhaupt, brachten die Kinder Geb und Nut hervor, die ihrerseits Osiris und Isis als Kinder hatten, deren Sohn Horus war. Da Ptolemaios V. der aktuell lebende Horuskönig ist, wird seine Genealogie also implizit über seinen Vater letztlich an Schu und damit unmittelbar an den Beginn der Schöpfung angeknüpft. Es ließe sich vorschlagen, dass die auffällige Auslassung des ersten Ptolemäerpaares so zu erklären ist, dass Schu und Tefnut (bzw. in anderen Tempeln das jeweilige lokale Götterpaar) das erste Ptolemäerpaar[5] ersetzen. Es fehlt auch sonst seit dem Jahr 7 der Regierungszeit Ptolemaios' V. immer öfter, ohne dass bisher ein überzeugender Grund dafür gefunden werden konnte. Vielleicht wurde auf diese Weise einfach Platz geschaffen, um Schu und Tefnut an die Spitze der Ptolemäerdynastie stellen zu können, die so genealogisch an die Weltschöpfung angeschlossen würde.

Herrscherpaar	Kultname	Regierungszeit
Ptolemaios I. und Berenike I.	*theoí sōtḗres* = »Rettergötter«	305 (gr.) bzw. 304 (äg.) – 283/282 v. Chr.
Ptolemaios II. und Arsinoe II.	*theoí adelphoí* = »Geschwistergötter«	284–246 v. Chr.
Ptolemaios III. und Berenike II.	*theoí euergétai* = »Wohltätergötter«	246–222 v. Chr.
Ptolemaios IV. und Arsinoe III.	*theoí philopátores* = »Vaterliebende Götter«	222–204 v. Chr.
Ptolemaios V., seit 194/193 v. Chr. mit Kleopatra I.	*theoí epiphaneís* = »Erscheinende Götter«	204–180 v. Chr.

Die ersten fünf ptolemäischen Königspaare und ihre Kultnamen

Textfeld

Von den 31 Hieroglyphenzeilen unterhalb des Bildfeldes sind die ersten sieben durch deutlich eingravierte waagerechte Trennlinien eingeschlossen, während die weiteren Zeilen erheblich nachlässiger eingefasst sind. Das Layout des Textfeldes ist auch darin unsorgfältig, dass die letzte Zeile nicht voll ausgefüllt ist, der Text vielmehr mitten in der Zeile endet.

Die Stele enthielt von Anfang an ausschließlich einen hieroglyphischen Text. Trotz seiner guten Erhaltung birgt er aus mehreren Gründen Probleme: Zunächst einmal umfasst er nicht den kompletten Wortlaut des Dekretes, sondern lässt immer wieder weite Passagen aus.[6] Außerdem wurde die Stele erst im 23. Regierungsjahr Ptolemaios' V. hergestellt und ist entsprechend datiert; dabei wurden auch die eponymen Priester des Jahres 23 eingesetzt. Das Datum »24. Tag des 4. Monats des Winters« entspricht dem 29. Mai 182 v. Chr.[7]

Der Text ist von links nach rechts zu lesen, was unter allen Dekrettexten die ungewöhnlichere Schriftrichtung ist.[8] Ein Problem, mit dem man unter diesen Bedingungen offensichtlich zu kämpfen hatte, war die Tatsache, dass die Vorlage aber in umgekehrter Richtung, also von rechts nach links geschrieben war: Recht häufig vergaß der Kopist, Zeichen umzudrehen.[9]

Das Stelenfragment von Rosetta (**R**)[10]

Jetziger Zustand und ursprünglicher Aufstellungsort

Der Stein von Rosetta ist das Fragment der berühmten Stele, um deren Fundgeschichte und Bedeutung für die Ägyptologie es auf S. 11 ff. und 139 ff. geht. Es handelt sich um das Bruchstück einer Stele aus Granodiorit, der aus dem südlichen Bereich des Steinbruchgebietes bei Assuan stammt.[11] Die Maße des erhaltenen Fragments werden erstaunlich unterschiedlich angegeben: die Höhe z.B. mit 112, 114 oder 118 cm, die Breite etwa mit 72, 75,7 oder 77 cm, die Dicke mit 28, 28,4 oder 30 cm; das Gewicht soll 762 kg betragen.[12] Ursprünglich war die komplette Stele, die sich leicht nach oben verjüngt, vielleicht 1,65 m hoch.[13] Heute befindet sich der Stein unter der Inventarnummer EA 24 im British Museum in London.

Über seinen originalen Aufstellungsort lassen sich nur Vermutungen anstellen. Sicher ist jedenfalls, dass es nicht Rosetta war, denn das gab es im 2. Jh. v. Chr. noch nicht: Das Land ist erst später durch Nilsedimente und das Wachsen des Flussdeltas entstanden.[14] Im Prinzip könnte die Stele in irgendeinem – angesichts ihrer Kostbarkeit vermutlich bedeutenderen – Tempel zwischen Assuan und Rosetta errichtet gewesen sein. Dabei fällt die Thebais wohl weg, da sie 196 v. Chr., als das Rosettadekret erlassen wurde, und in den Jahren danach, als Aufständische sie in ihrer Gewalt hielten, nicht unter ptolemäischer Herrschaft stand. Aus der Orthographie ergibt sich, dass die Stele in Unterägypten beschriftet worden ist.[15] Und da sie so schwer ist, wird sie am ehesten auf dem Fluss nach Rosetta gebracht worden sein. Flussaufwärts liegt z. B. die bedeutende Stadt Sais, die als ursprünglicher Aufstellungsort denkbar ist.[16] Da wenigstens ein anderer in Rosetta gefundener Block aus Heliopolis stammt,[17] das noch ein Stück weiter flussaufwärts liegt, könnte der ursprüngliche Aufstellungsort jedoch ebenfalls im gewaltigen Tempel von Heliopolis zu sehen sein. Allerdings spielte der heliopolitanische Sonnengott Re in den Königsnamen seit Ptolemaios III. keine bedeutende Rolle mehr. Auch dienten die Tempel dieser Stadt bereits seit der Zeit Ptolemaios' VI. als ›Steinbruch‹.[18] So kommt unserer Meinung nach stattdessen Memphis, das bis weit in die römische Zeit hinein ein bedeutsames Kultzentrum blieb, gut als möglicher ursprünglicher Aufstellungsort infrage. Memphis war der Tagungsort der Priestersynode, die das Rosettadekret erließ. Die Stadt war für die ptolemäischen Pharaonen vor allem zentraler Kultort und Krönungsstätte – auch Ptolemaios V. wurde in Memphis

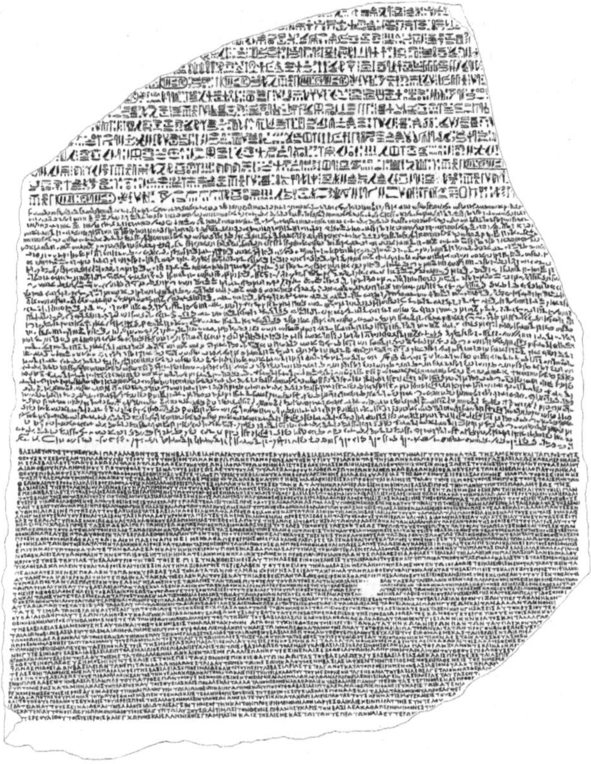

Abb. 4 Umzeichnung des Textfeldes des Rosettasteins. Oben steht der nur zu etwa einem Drittel erhaltene hieroglyphische Text; es folgen die jeweils weitgehend vollständige demotische und griechische Version des Dekretes.

inthronisiert (vgl. § 28). An Memphis und seine Theologie schlossen sich die Ptolemäer mit der Betonung des Gottes Ptah an, mit dessen loyal die Ptolemäerherrschaft stützender Priesterschaft sie eng zusammenarbeiteten,[19] so dass gerade hier die Aufstellung einer großen Stele aus einem von weither geholten Stein plausibel ist.

Da **R** auf der Rückseite nur grob zugehauen ist, dürfte die Stele an ihrem Aufstellungsort jedenfalls mit dem Rücken zu einer Tempelwand aufgestellt gewesen sein.

Der Rosettastein war mit dem Dekrettext in ägyptischen Hieroglyphen, demotischer Schrift und Griechisch beschriftet, die in drei Feldern übereinander angeordnet sind. Jedes dieser Felder war derart sorgfältig gelayoutet, dass auch die jeweils letzte Zeile die ganze Breite des Textfeldes einnimmt. Die für die Beschriftung Zuständigen müssen sich also vor der Arbeit intensiv Gedanken über Verteilung und Größe des Textes gemacht haben.

Das oberste Feld mit den Hieroglyphen ist zum größten Teil verloren. Nur Reste von 14 Zeilen sind noch erhalten. Weitere 14 Zeilen müssen ihnen vorausgegangen sein, damit der vollständige Text Platz fand.[20] Die Ausführung der Schriftzeichen ist leidlich gut. Gelegentlich hat der Steinmetz Zeichen nicht ganz korrekt ausgeführt oder auch vergessen. Der hieroglyphische Text ist in einem für die Ptolemäerzeit normalen Schriftsystem geschrieben. Es gibt keine ungewöhnlichen Schreibungen, sie sind nicht kryptographisch und auch nicht archaisierend.[21] Auffällig ist allerdings, dass bei Hieroglyphen, die sich aufbäumende Schlangen zeigen, deren Kopf abgesetzt ist – darin könnte ein schriftmagisches Mittel zur Unschädlichmachung der potentiell gefährlichen Schlangen zu sehen sein.[22]

Der 32 Zeilen umfassende Abschnitt in demotischer Kursivschrift ist bis auf die Anfänge der ersten 14 Zeilen perfekt erhalten. Ungefähr von der Mitte der vorletzten Zeile an sind die Schreibungen gestreckt und durch zusätzliche Zeichen erweitert, wodurch die letzte Zeile auf die volle Länge gebracht und das Textfeld bündig abgeschlossen werden konnte. Der Layouter oder Graveur strebte, wie gesagt, auch im demotischen Textfeld danach, es als rechteckigen Schriftblock erscheinen zu lassen. Der demotische Text ist von einer unterägyptischen Werkstatt eingemeißelt worden, wie die Schreibung des Wortes für »Tempel« zeigt.[23]

Das unterste Feld mit 54 griechischen Zeilen ist gut erhalten, nur fehlen die Enden der Zeilen 29 bis 54 und wenige Buchstaben von den Anfängen der letzten beiden Zeilen. Anders als die ägyptischen Fassungen ist der griechische Text natürlich von links nach rechts geschrieben. Auch die letzte Zeile des griechischen Textes nimmt die ganze Stelenbreite ein.[24]

Rekonstruktion

Der Rosettastein lässt sich mit großer Wahrscheinlichkeit zu einer typisch rundgiebeligen Stele ägyptischen Typs ergänzen. Das »Lunette« genannte Giebelfeld war wohl von einer gebogenen Himmelshieroglyphe und einer geflügelten Sonnenscheibe bekrönt, wie sie seit Jahrtausenden königliche Stelen zierten und auf der Stele **N** erhalten sind (vgl. S. 26 ff.). Unterhalb der Flügelsonne und oberhalb des dreigeteilten Textfeldes darf man in Analogie zu den meisten anderen hieroglyphischen Stelen mit ptolemäischen

Synodaldekreten ein Bildfeld annehmen,[25] in dem der König in Interaktion mit Gottheiten und vor einer Reihe seiner königlichen Ahnen dargestellt war.[26]

Im Raphiadekret und im Zweiten Philädekret (vgl. S. 22) wird vorgeschrieben, was auf dem Denkstein, auf dem das Dekret jeweils publiziert werden sollte, abzubilden ist. Mit der Darstellung schaffen die Beschlussfassenden einen Bezug zum Anlass des Dekretes. Auch wenn Ähnliches im Rosettadekret nicht vermerkt ist, gehen wir davon aus, dass die lokalen Priesterschaften,[27] die für die Errichtung der Stelen vor Ort zuständig waren, sich zuweilen dazu entschieden, ein Bild im Giebelfeld auszuführen, das einerseits in Bezug zum Inhalt des Dekretes stand, andererseits aber auch lokale Gottheiten berücksichtigte, was aber nicht zwingend war. Prinzipiell lässt sich daher mit Blick auf die konkrete Gestaltung des Bildfeldes keine Regel aufstellen, so dass wir bei der hier vorgeschlagenen Rekonstruktion nur mit Wahrscheinlichkeiten arbeiten können.

Im Giebelfeld von **N** (s. S. 26 ff.) setzt der König, der den Feind ersticht, den im Dekrettext ausführlich behandelten Sieg über die Empörer in Lykonpolis (§ 16) ins Bild, während die königlichen Ahnen die Einbindung des Königs in eine für das frisch von ihm übernommene Königsamt legitimierende Abstammung unterstreichen. Beide Darstellungselemente haben nichts mit dem Aufstellungsort der jeweiligen Stele zu tun, sondern mit dem Inhalt des Dekretes.[28]

Bei unserer Rekonstruktion gehen wir deshalb von der Stele **N** aus. Da sowohl die Ahnenreihe als auch der König beim Erstechen des Feindes zur zentralen Aussage des Dekrettextes passen, schlagen wir vor, diese beiden Elemente auch im Bildfeld von **R** zu ergänzen. Die Frage, ob bei den

Abb. 5 Hypothetische Rekonstruktion des Rosettasteins: Das Giebelfeld könnte dem der Stele von Nobaireh entsprochen haben (s. Abb. 3), allerdings ohne Kleopatra I., mit der Ptolemaios V. 196 v. Chr. noch nicht verheiratet war.

Ahnen Ptolemaios I. und seine Frau Berenike I. auch auf **R** ausgelassen waren, ist schwer zu beantworten. Zwar wird das erste Ptolemäerpaar im Dekrettext (auch in **N**) genannt (vgl. § 1),[29] doch wir vermuten (S. 31), dass sie fehlten, weil durch ihre Auslassung eine Parallelisierung zu den Göttern von Heliopolis möglich war, die sehr gut die im Text vermittelte Mythologisierung des Berichtes unterstreichen würde.

Schwieriger ist die Rekonstruktion der Gottheiten, die Ptolemaios V. zugewandt waren. Denn hier hätten die Priester jeweils am leichtesten einen lokalen Bezug herstellen können. Vermutlich davon beeinflusst, dass im Stelentext verlangt wird, in allen Tempeln solle eine Statue des Königs aufgestellt werden, der der jeweilige »Stadt«gott des Tempels ein Siegesschwert überreicht (§ 24), ist Roeder davon ausgegangen, dass die Darstellung im Bildfeld der Stelen mit dem Dekret lokalspezifisch war.[30] Er sieht daher in Schu und Tefnut die Götter des ursprünglichen Aufstellungsortes der Stele **N** (sie wurde in Nobaireh, in der Nähe von Damanhur, gefunden).

Doch zeigt die mutmaßliche »Zwillingsstele« zu **N**, gleichfalls aus Nobaireh, die ein Priesterdekret des Jahres 182 trägt, Amun-Re als Hauptgott, der dem König das Siegesschwert überreicht.[31] Amun-Re kommt im Stelentext gar nicht vor, und ein Duplikat dieses Dekretes hat den Gott Harmachis bei derselben Handlung wie Amun-Re dargestellt.[32] Die Variationsbreite der gezeigten Gottheiten ist folglich groß, und noch gelingt es nicht, die Regeln, nach denen sich die lokalen Priester für Gottheiten im Giebelfeld entschieden haben und die zu der Vielfalt an Darstellungen geführt haben, zu greifen.

Wir denken aber, dass sich die Szene von **N** sehr gut aus

dem Stelentext erklären lässt und damit lokalunabhängig vom Inhalt des Dekretes vorgegeben gewesen sein kann. Der Sieg über die Rebellen fand laut dem hieroglyphischen Text an dem Ort statt, wo Schu dereinst über seine Feinde triumphiert hatte (§ 16). Deshalb ist es sicherlich nicht zufällig Schu, der auf **N** im Stelenbild dem König das Siegesschwert überreicht. Wenn also die Szene frei von lokalen Bezügen sein sollte, könnte sie genauso auch auf **R** eingemeißelt gewesen sein.

Im Bild von **N** wird der Gott Schu von seiner Gemahlin Tefnut begleitet, der König von seiner Frau Kleopatra I. Als **N** im 23. Jahr des Königs errichtet wurde, war Ptolemaios V. mit Kleopatra verheiratet, so dass die Darstellung der Königin auf **N** eine völlig angemessene Aktualisierung ist. Doch als die Priester 196 v. Chr. in Memphis tagten und ihr Dekret erließen, war Ptolemaios noch unverheiratet, und es ist wenig wahrscheinlich, dass auf **R** eine (zu diesem Zeitpunkt noch fiktive) Königin gezeigt wurde.[33]

Im Ergebnis sehen wir nichts, was dagegen spräche, dass das Giebelfeld von **R** die gleiche Darstellung trug wie das der Stele **N**, nur ohne Kleopatra I. Wir rekonstruieren **R** also entsprechend mit diesem Bild im Giebelfeld (s. Abb. 5), sind uns aber bewusst, dass eine durch die lokale Mythologie oder anderweitig bedingte Variation trotz allem möglich bleibt – auch eine genau spiegelbildliche Darstellung ist denkbar – und unsere Rekonstruktion im Wesentlichen ein gut begründeter Vorschlag ist. Akzeptiert man ihn, ergibt sich eine ursprüngliche Höhe der Stele **R** von wohl 1,65 m.

Da die Königin nicht einmal in der Datierung (§ 1) genannt wird, ist die Stele spätestens 194 v. Chr. errichtet worden, als Ptolemaios V. noch unverheiratet war.

Die Louvre-Fragmente (E)

Mit **E** bezeichnen wir drei Sandsteinbruchstücke aus Elephantine, die heute im Louvre aufbewahrt werden:

Louvre E 12677 (17,5 cm breit, 22 cm hoch und 5,2 cm dick[34]) trägt Reste von vier von rechts nach links geschriebenen hieroglyphischen Zeilen. Angesichts des geringen Umfangs fällt die Auslassung von drei Wörtern in der letzten erhaltenen Zeile umso mehr auf. Wegen derartiger Unsicherheiten ist es schwer, die ursprüngliche Breite des Steins im Vergleich mit dem grundsätzlich bekannten Text des Dekretes zu rekonstruieren, zumal hieroglyphische Schreibungen variabel und daher unterschiedlich lang sein können. In jede Zeile von **E** passte aber weniger Text als in *eine* Zeile von **R**, so dass sich immerhin sagen lässt, dass die Stele **E** etwa anderthalbmal so viele hieroglyphische Zeilen gehabt haben muss, also 38, was für die Höhe allein des hieroglyphischen Teils von **E** auf etwa 119 cm führt.

Louvre AF 10006 (16,5 cm breit, 17 cm hoch und 6 cm dick) hat Reste von noch elf demotischen Zeilen, die in Sprache und Orthographie oberägyptische Merkmale zeigen.[35] Der Text muss 38 Zeilen lang gewesen sein, was auf eine Höhe von knapp 65 cm des demotischen Teils schließen lässt.

Louvre AF 10007 (45 cm breit, 32 cm hoch und 10 cm dick) präsentiert heute noch 19, auf der linken Seite unvollständige Zeilen der griechischen Version,[36] so dass etwa ein Drittel des Gesamttextes erhalten ist.[37] Der Text hilft, fehlende Zeilenenden von **R** zu ergänzen. Die wenigen Reste weisen zudem nur minimale sprachliche Abweichungen von diesem auf.[38]

Das Leontopolis-Fragment (**L**)

In der Nähe von Leontopolis, heute Tell el-Yahudieh, wurde das Fragment einer fast komplett erhaltenen Basaltstele erworben, die heute im Griechisch-Römischen Museum von Alexandria aufbewahrt wird (Inv. Nr. 21352; 77 cm breit, 120 cm hoch und 22 dick).[39] Der Denkstein ist im oberen Teil vollständig erhalten, zeigt also noch das Giebelrund. Leider wurde er in späterer Zeit als Mühlstein o. Ä. wiederverwendet, so dass die komplette Frontfläche, die ursprünglich das gestaltete Giebelfeld selbst und vielleicht den hieroglyphischen und demotischen Text enthielt, vollständig abgerieben ist.[40]

Ein Teil des griechischen Textes hat sich jedoch erhalten, weil der Graveur ihn auf die beiden seitlichen Flächen der Stele geschrieben hatte. Die linke Seite präsentiert in 55 Zeilen die Z. 1–11 von **R**, die rechte Seite in 31 Zeilen[41] Z. 14–17 von **R**. Die fehlenden Zeilen 12–14 von **R** müssen also auf der unteren, nicht erhaltenen linken Seite gestanden haben. Da der Text mitten im Satz abbricht, obwohl noch weiterer Platz vorhanden gewesen wäre, ist klar, dass der Handwerker, nachdem er etwa ein Drittel des griechischen Dekrettextes zu Stein gebracht hatte, abrupt mit seiner Arbeit aufgehört hat.[42]

Weitere Textquellen

Bei der Bearbeitung des Rosettadekretes sowie für die Rekonstruktion verlorener Textpartien kann man außerdem weitere Synodaldekrete heranziehen, besonders natürlich die anderen aus der Zeit von Ptolemaios V. Denn in ihnen werden in immer wieder ähnlichen Phrasen die Wohltaten des Königs, die Begründungen für neue Ehren und die Ehren selbst beschrieben. Allein aus der Regierungszeit von Ptolemaios V. liegen neben dem Rosettadekret (9. Jahr) folgende Dekrete vor: aus seinem 19. Jahr (= 186 v. Chr.) das in Alexandria erlassene sog. Zweite Philädekret;[43] aus dem 21. Jahr (= 185 v. Chr.) das in Memphis verabschiedete sog. Erste Philädekret[44], das sogar ausdrücklich aus dem Rosettadekret zitiert, da es die Ehren, die im Rosettadekret für den König beschlossen werden, aktualisiert und auf die Königin ausdehnt;[45] und das Memphisdekret von 182 v. Chr.[46]

Die drei Fassungen des Rosettadekretes

Der hieroglyphische Text **(h)**

Die ägyptische Hieroglyphenschrift entstand um 3000 v. Chr. Sie war für Inschriften auf Denkmälern wie Stelen, Statuen, Gebäuden usw., aber auch auf Papyrus bis zum Ende des 4. Jh.s n. Chr. in Gebrauch. Für die Ägypter selbst waren die Hieroglyphen über Jahrtausende ein bestimmendes und bewusst wahrgenommenes Element ihrer Schriftkultur. Auch wenn sich über die Zeiten vieles veränderte, so blieb doch das Bewusstsein von der kulturprägenden Rolle der Hieroglyphen als der »Schrift der Gottesworte« bestehen. Durch die Bildhaftigkeit der Zeichen eröffnete die Schrift die Möglichkeit, über diverse theologische Spekulationen letztlich die ganze Welt mit ihren Wesen und Dingen einzubeziehen und umgekehrt die vielfältigen Erscheinungen der Welt mit Sinn zu hinterlegen. Es sei aber betont, dass das System der Hieroglyphenschrift nicht das einer Bilderschrift ist: Die meisten Zeichen sind Lautzeichen (vgl. S. 150 ff.). Das Prestige der Hieroglyphen war stets größer als das der Kursivschriften.

Auch die Sprache hinter den Hieroglyphen veränderte sich im Laufe der Geschichte. Dabei kam es zu einer doppelten Entwicklung: Einerseits wurden alte Wörter und Phrasen in ihren Schreibungen beibehalten und weiter tradiert, vor allem bei Denkmälerbeschriftungen. Die tatsächliche sprachliche Realisierung, die Aussprache, aber auch das Verständnis konnten sich schließlich völlig verändert haben. Ein gutes Beispiel dafür sind die fünf Namen der ägyptischen

Königstitulatur (vgl. § 1 des Rosettadekretes). Zwar merkt man in der traditionellen hieroglyphischen Notation von diesen Veränderungen nichts, doch zeigen die demotische und die griechische Version, dass sich die inhaltliche Bedeutung der hieroglyphischen Schreibungen gewandelt hat.

Andererseits schrieb man natürlich in der Hieroglyphenschrift die jeweils zeitgenössische Sprachform. Ein Text z. B. des 2. Jt.s v. Chr. ist anders als einer des 3. Jt.s v. Chr., was nicht ausschließt, dass in jüngeren Texten nicht auch von tradierten Wendungen Gebrauch gemacht wurde. Zudem überlieferte man manche alten Texte unverändert weiter. Geschriebene ägyptische Texte können daher je nach Textgattung eine recht komplexe Mischung unterschiedlich alten Sprachgutes in einer Vielfalt verschieden alter Schreibungen enthalten.

In der ägyptischen Spätzeit, besonders vom 7. Jh. v. Chr. an, entdeckten die ägyptischen Gelehrten die ›guten alten‹ Texte neu und orientierten sich bei der Abfassung eigener Werke in Schrift und Sprache an alten Vorbildern, während die gesprochene Sprache sich längst zum Demotischen (s. S. 48 f.) hin veränderte. Die Kenntnis alter Texte führte dazu, dass die Ägypter sich eine Vorstellung von ›der‹ alten Sprache machten. Dabei verallgemeinerten sie manche Beobachtungen in falscher Weise, so dass ein letztlich künstliches Ägyptisch entstand, das aber für traditionell gehalten wurde; es fand z. B. im religiösen Kontext Verwendung, etwa in Tempelinschriften. Auch die hieroglyphischen Fassungen der ptolemäischen Synodaldekrete, so das Rosettadekret, sind in einer solchen teils wirklich alten, teils für alt gehaltenen Kunstsprache verfasst, die zudem in einem spannungsvollen Nebeneinander zur zeitgenössischen

Sprachform des Demotischen zu sehen ist.[1] Charakteristisch für die alte Grammatik ist das Fehlen des Artikels[2] und ein vom jüngeren Ägyptisch stark abweichendes Verbalsystem. Zu den Unterschieden in der grammatischen Struktur kamen solche im Wortschatz. Den Verfassern der hieroglyphischen Texte standen ohne Frage Wortlisten zur Verfügung, wie sie aus der römischen Zeit auch wirklich erhalten sind. In ihnen werden unter einem Stichwort Synonyme gelistet, aus denen sich Schreiber bedienen konnten. So fällt beispielsweise auf, dass neben dem Wort »das Schwarze (Land)«, wie Ägypten normalerweise genannt ist, im hieroglyphischen Text ganz verschiedene Ausdrücke vorkommen, die u. U. speziell den sakralen Aspekt im Blick haben und besonders die Tempel Ägyptens meinen können: »Tameri«, »Ober- und Unterägypten«, »die Beiden Länder«, »Glänzendes (Land)«, »Uferländer des Horus«, »die Beiden Wassergebiete«. Auch für Ortsnamen und viele andere Begriffe ist das Streben nach Abwechslung stilbestimmend, das sich in einer Übersetzung noch beibehalten lässt. Aber man stößt bei der Wiedergabe der vielen Ausdrücke für »Tempel« an Grenzen, da der Wortschatz der deutschen Sprache in der kultischen und religiösen Sphäre nicht so reich entfaltet ist, wohingegen er in der ägyptischen Kultur besonders üppig entwickelt war. Ausdrücke wie »Tempel«, »Heiligtum«, »Gotteshaus«, »Sanktuar« wären erstens mehr oder weniger willkürlich auf ägyptische Äquivalente verteilt worden, könnten aber nicht die inhaltliche Breite des ägyptischen Vokabulars treffend abbilden und auch rein numerisch nicht mit den ägyptischen Wörtern mithalten.

Doch sogar die antiken Verfasser hatten Probleme. Die theologische Terminologie war in der ›traditionellen‹ Sprache überreich entwickelt. Aber Details des ptolemäischen Steuersystems in dieser kultisch geprägten Sprache auszudrücken wäre in etwa so, als wollte man heutige Verlautbarungen des Kirchensteueramtes unter Verwendung des Vokabulars alter Kirchenlieder ausdrücken. Das bedeutet, dass man bei der Interpretation des hieroglyphischen Textes nicht jedes Formulierungsdetail auf die Goldwaage legen darf. Die Schwierigkeit liegt aber natürlich, wie wir noch einmal betonen möchten, nicht in der Schrift, sondern in der Sprache.

Die Hieroglyphenschrift auf dem Rosettastein ist die in der Ptolemäerzeit übliche. Die drei überlieferten hieroglyphischen Fassungen (**R**, **E** und **N** – s. S. 26 ff.) ähneln sich sogar bis in die Wahl und Anordnung der Zeichen. Es ist daher davon auszugehen, dass die hieroglyphischen Texte auf eine zentral erstellte Vorlage zurückgehen. Es lässt sich vermuten, dass sie von rechts nach links, der normalen ägyptischen Schriftrichtung, geschrieben war, was die Fassungen **R** und **E** beibehalten haben, während auf **N** der hieroglyphische Text von links nach rechts geschrieben ist – Hieroglyphen konnten in beide Richtungen, ja sogar von oben nach unten geschrieben werden; zu den Schwierigkeiten, die das für den Graveur von **N** bedeutet hat, s. S. 33.[3]

Der demotische Text **(d)**

Die zweite Version des Rosettadekretes ist in Demotisch geschrieben. Dabei handelt es sich um eine ägyptische Kursivschrift, die Mitte des 7. Jh.s v. Chr. in Unterägypten für Gebrauchstexte entstand, sich aber noch im Laufe desselben Jahrhunderts in ganz Ägypten verbreitete. Als im 5. Jh. v. Chr. Herodot in seinen *Historien* (II 36,4) über die ägyptischen Schriften schreibt, bemerkt er, die Ägypter hätten eben nicht nur Hieroglyphen, sondern auch eine profane Schrift – er nennt sie *dēmotiká*. Diese Bezeichnung hat sich als Fachterminus durchgesetzt. Im Dekret von Rosetta hingegen wird sie »enchorisch«, also in etwa Schrift »vom Land« = »einheimisch« genannt. Die demotische Schrift blieb bis in die Mitte des 5. Jh.s n. Chr. in Gebrauch, allerdings wurde sie im Laufe der Zeit immer weiter zurückgedrängt. Als 196 v. Chr. das Rosettadekret verfasst wurde, stand die demotische Schrift in voller Blüte. Freilich war die von rechts nach links geschriebene Kursivschrift ursprünglich nicht dazu gedacht, in Stein gemeißelt zu werden.

Die Verhältnisse sind aber dadurch noch ein wenig komplizierter, dass mit »Demotisch« nicht nur eine ägyptische Schrift bezeichnet wird, sondern auch eine Phase der ägyptischen Sprache (vgl. z. B. Althochdeutsch, Mittelhochdeutsch und Neuhochdeutsch als Sprachphasen des Deutschen). Die Doppeldeutigkeit des Begriffs »Demotisch« kommt daher, dass die ersten in demotischer Schrift gefundenen Quellen eine Form der ägyptischen Sprache zeigen, die eben von der der vorangehenden und der folgenden Epoche abweicht. Erst als man später Texte entdeckte, die zwar in demotischer Schrift geschrieben, sprachlich aber älter sind, und umgekehrt hieroglyphische Texte in demotischer Sprachform, wurde die Doppeldeutigkeit als Problem erkannt. Für die Sprache der demotischen Fassung des Rosettasteins stellt sich dieses Problem nicht. Sowohl die Schrift als auch die Sprachform sind nämlich demotisch.

Der griechische Text (g)[4]

Ägypten stand seit seiner Eroberung durch Alexander d. Gr. im Jahr 332 v. Chr. unter der Herrschaft von Königen aus Makedonien. Das Makedonische, die Muttersprache der Ptolemäer, der griechischen Dynastie, die bald nach ihm über Ägypten herrschte, war eine besondere, mit nichtgriechischen Elementen durchsetzte Form des Griechischen.[5] Doch das Makedonische, das nie zur Schriftsprache wurde, spielte keine Rolle im ptolemäischen Ägypten. Stattdessen hatte sich infolge von Alexanders Feldzügen das ›ausgedehnte‹ Attisch, die sog. Koine (*koinḗ diálektos*) zur Verkehrssprache in der gesamten hellenistischen Welt entwickelt. Das war die Sprachform, in der auch seit dem 1. Jh. n. Chr. die Schriften des Neuen Testaments verfasst wurden.

Da die Ptolemäer ihr Kernterritorium Ägypten für die Anrainervölker des Mittelmeeres in dem Bestreben geöffnet hatten, dass sich möglichst viele Soldaten zu einem Dienst für die in Alexandria residierende Herrscherfamilie verpflichteten und sich im Land am Nil ansiedelten, entwickelte sich Ägypten zu einer Einwanderungsgesellschaft, und im Gefolge der Soldaten ließen sich auch unzählige andere Menschen hier nieder. Die meisten Zuwanderer, egal welcher ethnischen Herkunft sie auch waren, führten in offiziellen Dokumenten die Bezeichnung »Hellenen«, galten also als Griechen.[6] Und allen diesen Immigranten war gemeinsam, dass sie sich des Griechischen bedienten: Die Koine wurde auf diese Weise Herrschaftssprache in Ägypten.

Das Verhältnis der drei Fassungen zueinander[7]

Die Texte des Rosettadekretes sind eine Mischung von sprachlichen Elementen unterschiedlicher Herkunft. Jede der drei Sprachen hat einen Anteil an der Entstehung des Gesamttextes: der hieroglyphische Text in traditioneller ägyptischer Sakralsprache, das Demotische als Literatur-, Umgangs- und Verwaltungssprache der Ägypter in der Ptolemäerzeit, das Griechische als Sprache der Herrschenden, der Verwaltung, der Literatur und der internationalen Kommunikation.

Die Priester selbst erstellten 196 v. Chr. im Rahmen ihrer Synode, auf der sie die Verhandlungen jedes Beschlusspunktes natürlich in ägyptischer Sprache führten, den Beschluss in demotischer *und* griechischer Sprache.[8] Letzteres ist nicht weiter ungewöhnlich, denn die führenden Kultfunktionäre dieser Zeit waren dazu in der Lage, sich in der »griechischen« Welt zu bewegen, auch griechische Urkunden auszustellen.[9] Die weitgehende Formelhaftigkeit vieler griechischer Wendungen wird ihnen das Ganze zudem noch erleichtert haben. Nur die Stellen, an denen spezifische Einzelheiten wie etwa die Ausgestaltung des Naos (des Schreines) des Königs beschrieben werden, zeigen, dass die Priester gelegentlich Schwierigkeiten hatten, das Beschlossene auch auf Griechisch zu formulieren, weshalb sie solche Details in der griechischen Wiedergabe des Dekretes einfach ausließen oder aber so unbeholfen ins Griechische übersetzten, dass es nur mithilfe des Ägyptischen zu verstehen ist.

War der Text schließlich fertig, musste er für die Veröffentlichung zusätzlich noch in eine altertümelnde Sakralsprache in Hieroglyphen umgesetzt werden. Diese Fassung setzten die ägyptischen Priester sprachlich ganz bewusst von der demotischen ab. Für Kultnamen etc., die ihrerseits für den demotischen und griechischen Wortlaut des Dekretes schon ins Demotische übersetzt worden waren, konnten sie auf die traditionellen ägyptischen Formulierungen zurückgreifen. Ansonsten mussten sie versuchen, passende Ausdrücke in einer alten Sprache zu finden. Im Laufe der Zeit lag allerdings, wie schon ausgeführt, ein Vorrat an hieroglyphischen Umsetzungen für bestimmte Wendungen vor, auf die in den Synodaldekreten immer wieder zurückgegriffen wurde. Nicht alles an der hieroglyphischen Version ist also eine neue Übersetzung aus dem Demotischen, das ansonsten im Wesentlichen die primäre Fassung des Dekretes darstellt, die freilich, wie gesagt, stellenweise von der griechischen Verwaltungssprache geprägt ist und sich der ursprünglich griechischen Textform eines Ehrendekretes bedient.

Das fertige Dekret wurde in Hieroglyphen (oder in der kursiven hieratischen Schrift), in Demotisch und Griechisch auf Papyrus kopiert und an die verschiedenen Tempel Ägyptens verschickt, wo der Text den Publikationsbestimmungen entsprechend auf einer Stele eingemeißelt werden sollte.

Übersetzung

Vorbemerkungen

Wir haben die Übersetzungen vergleichsweise wörtlich bzw. ausgangssprachenorientiert gehalten, um die Eigenheiten einer jeden Fassung möglichst gut wiederzugeben. Uns ist bewusst, dass sich daraus manche stilistischen Härten ergeben. Sicherlich waren aber auch in der Antike der durch seine archaisierende theologische Sprache gewundene Bombast der hieroglyphischen Fassung und der umständliche Stil der demotischen und der griechischen Version mit ihren langen Perioden des hochoffiziellen Abschlusskommuniqués der Priestersynode nicht jedermanns Sache.

Damit der Leser die Texte aber trotzdem gut erfassen kann, haben wir eine Gliederung mit Überschriften, wie sie Sethe in Urk. II, 169–197 benutzt, vorgenommen. Die Überschriften stehen wie die Paragraphenzählung selbstverständlich nicht im Original.

Um unnötige Verwirrung zu vermeiden, haben wir uns zudem dazu entschieden, nur wenige textkritische Zeichen zur Angabe des Erhaltungszustandes des Textes zu verwenden.[1] Wenn wenigstens *ein* Denkmal den Text in einer Sprache überliefert, werden deshalb keinerlei zusätzliche Angaben gemacht. Das muss man sich besonders im Falle des hieroglyphischen Textes bewusst machen: Der größte Teil ist ja auf dem Rosettastein gar nicht erhalten. Nur dank der Fassung **N** kennen wir den hieroglyphischen Text trotzdem ziemlich gut.

Sind an einer Stelle gar keine Textzeugen für eine Sprache erhalten, haben wir Ergänzungen, die uns dennoch sicher erscheinen, in eckige Klammern [...] gesetzt. Basis für die Übersetzungen ist dann z. B. der hieroglyphische Text, der sich als Entsprechung *desselben* demotischen oder griechischen Wortlautes in anderen ptolemäischen Synodaldekreten findet.

Text in geschweiften Klammern {...} steht zwar im Original, doch er ist offensichtlich falsch und daher zu tilgen.

Das, was im Original fälschlicherweise ausgelassen, aber mit Sicherheit einzusetzen ist, haben wir in spitze Klammern ⟨...⟩ gesetzt.

Diese Markierungen sollen einen Eindruck davon geben, in welchem Zustand der überlieferte Text tatsächlich ist.

In runde Klammern (...) schließlich haben wir im Deutschen nötige Wörter gesetzt, zu denen es keine Entsprechung im Original gibt. Diese Zusätze dienen dazu, die Übersetzung besser verständlich zu machen. Genauso sind wir mit direkt in den Text gesetzten kurzen Erklärungen verfahren.

Wir geben keinen textkritischen Apparat und verzichten darauf, einzelne falsche Zeichen, Vertauschungen und derartige kleine Fehler durchgehend kenntlich zu machen. Auch diskutieren wir nicht jede bisherige Fehllesung.

Die Verbindung des hieroglyphischen (**h**) und demotischen (**d**) Textes zu ihrer ägyptologischen Standardedition Urk. II halten wir mit der Paragrapheneinteilung der Überschriften aufrecht. Die in runde Klammern gesetzten Zahlen im griechischen Text (**g**) verweisen auf die Zeilenzählung in der Edition OGIS I 90.

Gliederung und Inhalt des Rosettadekretes

Gegengabe-Formel

§ 22 Für alles dieses belohnen die Götter den König. S. 76

Beschluss

§ 23 In Anbetracht dessen beschließen die Priester, die Ehren des Königs und seiner Ahnen zu vermehren. S. 77

§ 24 Aufstellung einer Statue des Königs und des jeweiligen Ortsgottes in allen Tempeln S. 78

§ 25 Dienst bei dieser Statuengruppe S. 79

§ 26 Aufstellung eines Holzbildes des Königs mit einem goldenen Schrein in den Tempeln S. 80

§ 27 Ausführung dieses Schreines bei den Prozessionen S. 81

§ 28 Aussehen des Schreines S. 81

§ 29 Wegen des Geburts- und Thronbesteigungstages des Königs sollen der 17. und der 30. Tag eines jeden Monats gefeiert werden. S. 83

§ 30 Am Anfang des Monats Thot soll zu Ehren des Königs ein fünftägiges Fest gefeiert werden. S. 85

§ 31 Die Priester sollen die Würde eines Priesters des Gottes Epiphanes in ihre Titulatur aufnehmen. S. 86

§ 32 Auch Privatpersonen dürfen dem König die oben beschlossenen Ehrungen erweisen. S. 87

Veröffentlichungsbestimmungen

§ 33 Publikation des Dekretes S. 88

 [➤ S. 99]

(h) Jahr [9, Xandikos 4], was macht: Monat derer in Tameri (= Ägypten): Monat [2] des Winters, [Tag 18],

unter der Majestät

⟨des⟩ {Gold-}Horus: des Jünglings, der als König auf dem (Thron-)Sitz seines Vaters erschienen ist;

der Beiden Herrinnen: Groß an Kraft, der die Beiden Länder befestigt, der Tameri vollkommen macht, wohltätigen Herzens vor den Göttern;

des Goldhorus: lebensfrisch für die Menschheit, des Herrn des Jubiläumsfestes wie Ptah-Tatenen, des Herrschers wie Re;

des Königs von Ober- und Unterägypten: des Erbes der Vaterliebenden Götter, des Erwählten des Ptah, des Starken der Ka(-Lebenskraft) des Re, des lebenden Bildes des Amun;

des Sohnes des Re: Ptolemaios, ewiglebend, den Ptah liebt, des Erscheinenden Gottes, des Herrn der Vollkommenheit; des Sohnes des Ptolemaios und der Arsinoe, der Vaterliebenden Götter;

(und unter) dem Priester des Alexander und der Rettergötter u⟨nd⟩ der Geschwistergötter und der Wohltätergötter und der Vaterliebenden Götter und {der Erscheinenden Götter} ⟨des Erscheinenden Gottes⟩, des Herrn der Vollkommenheit, [Aetos], dem (Sohn) des [Aetos];

als [Pyrrha], Tochter des [Philinos], Kampfpreisträgerin vor Berenike, der Wohltätigen, war;

als [Areia], Tochter des [Diogenes], Goldkorbträgerin vor Arsinoe, der Bruderliebenden, war;

[a]ls Eirene, Tochter des Ptolemaios, Priesterin der Arsinoe, derer, die ihren Vater liebt, war.

(d) [Jahr 9, Xandikos, Tag 4[2]], was (der) ägyptische Monat zweiter Monat des Winters, Tag 18 ist,

des Königs,

des Jünglings, der (als) König (auf) dem (Thron-)Sitz seines Vaters erschienen ist;

des Herrn der Uräen: dessen Kraft[3] groß ist, der Ägypten dauerhaft gemacht hat, indem er es vollkommen sein ließ[4], dessen Herz wohltätig vor den Göttern ist;

dessen, der auf seinen Feinden[5] ist: der das Leben der Menschen hat vollkommen sein lassen, der Herr der Jubiläumsfestjahre wie Ptah-Tenen, des Königs wie Phre;

[des Königs der Gaue, die oben sind, (und)] der Gaue, die unten sind: des Sohnes der ihren[6] Vater liebenden Götter, den Ptah ausgewählt hat, dem Phre die Stärke gegeben hat, des lebenden Bildes des Amun;

des Sohnes des Phre: Ptolemaios, ewiglebend, (des) Geliebten des Ptah, des Erscheinenden Gottes, dessen Wohltat[7] schön ist, ⟨Sohnes von⟩ Ptolemaios und Arsinoe, der ihren Vater liebenden Götter;

(und) des Priesters des Alexander und der Rettergötter und [der Geschwistergötter und der] Wohltäter[götter] und der ihren Vater liebenden Götter und des Königs Ptolemaios, des Erscheinenden Gottes, dessen Wohltat schön ist, Aetos[8], Sohnes des Aetos;

als Pyrrha, Tochter des Philinos, Kampfpreisträgerin vor Berenike, der Wohltäterin, war

(und) Areia, Tochter des Diogenes, [(Gold-)Korb]trägerin [vor Ars]inoe, der Bruderliebenden;

als Eirene, Tochter des Ptolemaios, Priesterin der Arsinoe, der ihren Vater Liebenden, war:

(g) (1) Unter der Königsherrschaft

des Jünglings, der von seinem Vater die Königsherrschaft übernommen hat,

des Herrn der Kronen: des besonders Ruhmreichen, der Ägypten aufgerichtet hat und gegenüber den (2) Göttern fromm ist,

des Bezwingers der Gegner: der das Leben der Menschen wieder in Ordnung gebracht hat, des Herrn der Dreißigjahrfeste wie Hephaistos der Große, des Königs wie Helios,

(3) ⟨des⟩ Großkönig⟨s⟩[9] der oberen und der unteren Länder: des Nachkommen der Vaterliebenden Götter, den Hephaistos erwählt hat, dem Helios den Sieg gegeben hat, des lebenden Abbildes des Zeus,

des Sohnes des Helios: Ptolemaios, (4) ewiglebend, geliebt von Ptah,

im neunten Jahr,

im Amtsjahr des Priesters des Alexander, der Rettergötter und der Geschwistergötter und der Wohltätergötter und der Vaterliebenden Götter und (5) des Erscheinenden (und) Begnadeten Gottes Aetos, (des) Sohnes des Aetos,

(im Amtsjahr) der Athlophore der Berenike Euergetis Pyrrha, Tochter des Philinos,

(im Amtsjahr) der Kanephore der Arsinoe Philadelphos Areia, Tochter des Diogenes,

(im Amtsjahr) der Priesterin der Arsinoe Philopator Eirene, (6) Tochter des Ptolemaios,

am vierten des Monats Xandikos, der Ägypter aber am achtzehnten Mecheir.

(h) (An) diesem Tag: Beschluss, als die Vorsteher der Heiligtümer, die Gottesdiener, die Hüter des Geheimnisses, die Gottesreiniger, die zum Allerheiligsten eintreten (dürfen), die [die] Gött[er] mit ihren Stoffen bekleiden, und die Schreiber des Gottesbuches und das Kollegium des Lebenshauses und die anderen Priester aus den Tempeln Ober- und Unterägyptens zur »Weißen Mauer« (= nach Memphis) am Fest der Übernahme des Königtums von seinem Vater durch die Majestät des Königs von Ober- und Unterägypten, den Herrn der Beiden Länder, Ptolemaios, ewiglebend, den Ptah liebt, den Erscheinenden Gott, den Herrn der Vollkommenheit, gekommen waren. Sie vereinigten sich im[10] Tempel von »Waage der Beiden Länder« (= Memphis). Sie also sagten:

(d) An diesem Tage: Dekret der[11] Lesonisbeamten und der Gottesdiener und der Priester, die zum Allerheiligsten gehen (dürfen), um Bekleidung(srituale) für die Götter durchzuführen, und der Gottesbuchschreiber und der Lebenshausschreiber und der anderen Priester, die aus den Tempeln Ägyptens [nach Memphis a]m Fest der Übernahme des Herrscheramtes von seinem Vater durch den König Ptolemaios, ewiglebend, (den) Geliebten des Ptah, den Erscheinenden Gott, dessen Wohltat schön ist, gekommen waren, die im Tempel von Memphis versammelt waren, die gesagt haben:

(g) Beschluss: Die Oberpriester und Propheten und die, die ins Allerheiligste zur Bekleidung der (7) Götter hineingehen, und die Federträger und die Schreiber der heiligen Schriften und alle anderen Priester, die in Memphis aus den Heiligtümern im Lande beim König zusammentrafen anlässlich des Festes der Übernahme der (8) Königsherrschaft des ewiglebenden Ptolemaios, geliebt von Ptah, des Erscheinenden Gottes, des Begnadeten, der sie (= die Herrschaft) von seinem Vater selbst übernommen hat,[12] nachdem sie sich im Heiligtum von Memphis an diesem Tag versammelt haben, sagten (= stellten den Antrag):

§ 3 Beginn der Begründung des Beschlusses [➤ S. 107]

(h) Da der König von Ober- und Unterägypten, der Erbe der {Erbe}⟨Vater⟩liebenden Götter, der Erwählte des Ptah, der Starke der Ka(-Lebenskraft) des Re, das lebende Bild des Amun, der Sohn des Re, Ptolemaios, ewiglebend, den Ptah liebt, der Erscheinende Gott, der Herr der Vollkommenheit, ⟨der Sohn des Königs von Ober- und Unterägypten, Ptolemaios⟩ und ⟨der Herrscherin, der Herrin der Beiden Länder,⟩ [Arsin]oe, der Vaterliebenden Götter, jegliche vollkommene (und) große Dinge {in den} ⟨für die⟩ Uferländer des Horus (= Ägypten) und alle in ihnen und alle Männer insgesamt, die in (= unter) seinem wohltätigen Amt sind, ⟨tat⟩ – er ist ein Gott, ⟨Sohn⟩ eines Gottes, einer, den eine Göttin ⟨auf die Welt⟩ gebracht hat, ⟨wo⟩bei er in der Ähnlichkeit zu Horus, dem Sohn der Isis, dem Sohn des Osiris, dem Schützer seines Vaters Osiris, ist; und so ist Seine Majestät mit dem Herzen eines wohltätigen Gottes vor den Gött⟨ern⟩; er gab großes (= viel) Geld (und) gewaltige Getreide(mengen) an die Tempel Ägyptens, er gab große Kostbarkeiten, um Tameri (= Ägypten) zufriedenzustellen[13] (und) um die Beiden Wassergebiete (= Ägypten) dauerhaft sein zu lassen.

(d) Da es geschah, dass der König Ptolemaios, ewiglebend, der Erscheinende Gott, dessen Wohltat schön ist, ⟨Sohn⟩ des Königs Ptolemaios [und der König]in Arsinoe, der ihren Vater liebenden Götter, zahlreiche Wohltaten für die Tempel Ägyptens und alle, die in seiner Königsherrschaft sind, zu machen pflegte, wobei er ein Gott, Sohn eines Gottes, ist[14], indem er Horus, Sohn der Isis, Sohn des Osiris, glich, der seinen Vate⟨r⟩ Osiris schützt, wobei sein Herz wohltätig bei den Göttern war, (und da) er viel Geld (und) viel Getreide an die Tempel Ägyptens gegeben hatte, [wobei er v]iele [Ausgaben] gemacht hatte,[15] um Ruhe in Ägypten entstehen zu lassen (und) um die Tempel dauerhaft zu machen,

(g) (9) Da König Ptolemaios, ewiglebend, geliebt von Ptah, der Erscheinende (und) Begnadete Gott, der Sohn des Königs Ptolemaios und der Königin Arsinoe, der Vaterliebenden Götter, sich sowohl den Heiligtümern und (10) den in ihnen Befindlichen als auch gegenüber allen, die seiner Königsherrschaft unterstehen, in vielfältiger Weise als wohltätig erwiesen hat, indem er sich als Gott aus einem Gott und einer Göttin wie Horus, der Sohn der Isis und des Osiris, der seinem Vater Osiris Beistand geleistet hat, erwiesen hat, da er sich gegenüber den Göttern (11) wohltätig verhalten hat und den Heiligtümern Einkünfte in Silber und Getreide hat zukommen lassen und viele Aufwendungen getätigt hat, um Ägypten in einen guten Zustand zu bringen und die Heiligtümer zu ordnen;

§ 4 Der König als Wohltäter seiner Truppen [➤ S. 108]

(h) Er gab Geschenke(?)[16] an die Truppen, die unter seinem großen Amt waren, insgesamt.

(d) (und da) er Geschenke an das ganze Heer gegeben hatte, das unter seinem Königsamt war.

(g) (12) da er sich menschenfreundlich gegenüber allen seinen Streitkräften gezeigt hat;

§ 5 Der König gewährt Steuererleichterungen. [➤ S. 108]

(h) Die St⟨eu⟩ern und die Leistungen an den Herrscher, die in Tameri (= Ägypten) ... berechnet(?) wurden(?)[17]: Es gab nun welche, von denen er (einen Teil) verminderte, (und) es gab welche, in Bezug auf deren ⟨Pflicht⟩[18] er verzichtete, um die Truppe und die Menschen in seiner Zeit der Alleinherrschaft glücklich sein zu lassen.

(d) Die Steuer (und) die Abgabe, die (in) Ägypten bestanden: Es gab solche, von denen er (einen Teil) verlassen hatte[19] (und) es gab solche, bei denen er zu(m) Kapital(?)[20] Abstand genommen hatte, um zu bewirken, dass das Heer und all die anderen Menschen zu seiner Zeit des [König]-seins(?)[21] vollkommen existieren.

(g) und (da er) von den Steuern und Einnahmen, die es in Ägypten gab, einige vollständig erlassen, andere abgemildert hat, damit das Heer[22] und alle anderen unter seiner Königsherrschaft in (13) gutem Zustand sein mögen;

§ 6 Erlass der Steuerrückstände

[➤ S. 109]

(h) Alle[23] Reste (= Steuerrückstände), die bei der Menschheit des Glänzenden (Landes) (= Ägyptens) waren und auch allen Männern insgesam⟨t⟩[24], die in (= unter) seinem (= des Königs) wohltätigen Amt sind: Seine Majestät erließ[25] sie in großer Zahl – man ke⟨nnt⟩ ihre Anzahl nicht.

(d) [Die »Rückst]ände des Königs«,[26] die zulasten der Menschen, die in Ägypten sind, bestanden, und all derer, die unter seinem Königsamt sind: Obwohl sie eine zahlreiche Zahl ausmachten, nahm er von ihnen Abstand.

(g) und da er die Schulden an den königlichen Fiskus, die diejenigen in Ägypten und diejenigen in seinem restlichen Reich noch schuldeten – es waren überaus viele –, erließ;

§ 7 Amnestie für Vergehen

[➤ S. 110]

(h) Er schützte die Verhafteten, die ⟨im⟩ Gefängnis(?) waren, u⟨nd⟩ auch jeden Mann, der schwach ist[27] im Tun … lang[28].

(d) Die Menschen, die in Haft waren, und die, zu deren Lasten viele Tage (lang) ein Vorwurf bestand: Er nahm von ihnen Abstand.[29]

(g) und da er diejenigen, die in die Gefängnisse (14) abgeführt worden waren, und diejenigen, die seit langer Zeit unter Anklage standen, von ihren Anklagen befreit hat;

§ 8 Bestätigung der Tempeleinkünfte [➤ S. 110]

(h) Seine Majestät befahl Folgendes: Was ⟨die Gottesopfer der⟩ Götter anbelangt u⟨nd⟩ Geld (und) Getreide, das jährlich an die Tempel gegeben wird, und alle Dinge der Götter ⟨von⟩ Weinacker und Beetflur[30] und alle Dinge, die unter der Majestät seines vornehmen Vaters in ihrem Besitz waren: um[31] sie in ihrem Besitz bleiben zu lassen.

(d) Er befahl wegen der Gottesopfer der Götter und (wegen) der Gelder (und) des Getreides, das jährlich als *sýntaxis* (an) ihre [Tempel] gegeben wird, und (wegen) der Anteile, die den Göttern von den Weingärten, den Obstgärten (und) dem ganzen übrigen Besitz, den sie (= die Götter) vor (= unter) seinem Vater hielten(?)[32], zustehen, sie[33] dauerhaft in ihrem Besitz sein zu lassen.

(g) da er zudem angeordnet hat, dass die Einnahmen der Heiligtümer und die jährlich an sie festgesetzten Zuwendungen in Getreide (15) und Silber ebenso wie auch die den Göttern aus Weinland, Gärten und den anderen Ländereien zustehenden *apómoira*-Abgaben, die unter der Herrschaft seines Vaters den Göttern gehörten, (16) auf dem Land bleiben;

§ 9 Beschränkung der Priestertaxe auf ihre unter Ptolemaios IV. festgesetzte Höhe [➤ S. 111]

(h) Er befahl aber, nicht zuzulassen, dass mehr Steuer von den Priestern erhoben[34] wird als das, was davon bis Jahr 1 der Majestät seines vornehmen Vaters gegeben wurde.

(d) Er befahl auch wegen der Priester, nicht zuzulassen, dass sie ihre Priestersteuer[35] über die hinaus, die sie bis Jahr 1, (d. h.) unter seinem Vater, gegeben hatten, geben.

(g) da er auch bezüglich der Priester angeordnet hat, dass sie nicht mehr als Priesteramtsabgabe geben sollen als das, was ihnen bis zu (seinem) ersten Jahr auferlegt wurde, (nämlich) unter seinem Vater;

§ 10 Befreiung der Priester von der jährlichen Reise nach Alexandria [➤ S. 112]

(h) Auch nahm seine Majestät Abstand von der Tempelstundenpriesterschaft in (Bezug auf) die Reisen, die sie in den Zeiten eines Jahres zur »Mauer des Alexander« (= Alexandria) machten.

(d) Er nahm Abstand von den Menschen, [die in] den Ämtern der Tempel [sind], von der Reise, die sie jährlich zum »Haus(?)[36] des Alexander« (= Alexandria) machten.

(g) da er auch diejenigen aus den (17) Abteilungen der Priesterschaften von der jährlichen Hinabfahrt nach Alexandria befreit hat;

§ 11 Aufhebung der Pressung zum Ruderdienst [➤ S. 113]

(h) Er befahl aber, nicht zuzulassen, dass man Ruderer »fängt«[37].

(d) Er befahl, keinen Ruderer zu »fangen«.

(g) da er angeordnet hat, dass ihre Einziehung zum Schiffsdienst nicht (mehr) durchgeführt wird;

§ 12 Erlass von zwei Dritteln der Byssoslieferungen der Tempel [➤ S. 113]

(h) Gewänder von feinstem Leinenstoff, die in den Tempeln für den Palast gemacht werden: Dann ... Seine Majestät ihre zwei Drittel.

(d) Er nahm Abstand von dem Zweidrittelanteil der Byssosstoffe, die man aus den Tempeln an den Palast machte (= lieferte),

(g) und da er zwei Drittel von den Abgaben an den königlichen Fiskus in den Heiligtümern an feinem Flachsgewebe (18) erlassen hat;

§ 13 Wiederherstellung der Rechtsordnung [➤ S. 114]

(h) ⟨Eben⟩so(?): Alle Dinge, die in langer Zeit in Unordnung(?)[38] waren: Seine Majestät gab ⟨si⟩e in ihre ⟨richtige⟩ Ordnung. Er war dabei, sich überaus sehr zu kümmern beim Vollzug von allen Dingen, die zu tun recht ist, vor(?)[39] den Göttern entsprechend dem, was im Verhältnis zur Richtigkeit steht,

ebenso ⟨richtige⟩ Ordnung ⟨den Menschen zu geben, wie es Thot, der Zweimalgroße, gemacht hat.⟩

(d) wobei[40] er alle Dinge, die ihre (korrekte) Art für viele Tage verlassen hatten, (in) ihr [richt]iges Gleichmaß brachte (und) wobei er jede Sorge machte (= trug), das[41], was man gewöhnlich für die Götter tut, in richtiger Weise getan werden zu lassen,

ebenso zu veranlassen, dass das Recht den Menschen gemacht (= gegeben) wird entsprechend dem, was Thot, der Große, der Große, gemacht hat.

(g) und da er alle Dinge, die in den vorherigen Zeiten verschwunden waren, wieder in ihre zugehörige Ordnung eingesetzt hat, darauf bedacht, dass die üblichen Zeremonien für die Götter entsprechend dem, was sich gehört, durchgeführt werden;

(19) und da er gleichfalls allen (Menschen) Gerechtigkeit gewährte, so wie Hermes, der zweimal Große;

§ 14 Amnestie für die Teilnehmer an den Unruhen

[➤ S. 115]

(h) ⟨Er(?) befahl auch ... ... um ihre Sache⟩n in ihrem Besitz ⟨bleiben zu lassen⟩.

(d) Er befahl auch wegen derer, die von den Kämpfern (heim)kommen werden, und (wegen) der übrigen Menschen, die während der Unruhe, die in Ägypten geschehen war, auf Abwege geraten waren, [dass sie] (zu) ihren Orten [zurückkehren] und dass ihr Besitz ihnen gehören sollte.

(g) da er zudem angeordnet hat, dass diejenigen, die (in ihren Besitz) heimkehren wollen, sowohl von den ägyptischen Soldaten[42] als auch den anderen, die in den Zeiten der Unruhe eine abweichende Gesinnung (20) gehegt hatten, nach ihrer Rückkehr in ihrem eigenen Besitz verbleiben;[43]

§ 15 Schutz des Landes gegen äußere Feinde [➤ S. 115]

(h) Er trug aber Sorge beim Aussenden von Truppen, Pferden (= Reiterei) (und) Schiffen in der Abwehr derer, die von einer Stadt wie vom Meer kamen, um wegen/bei Ägypten zu ⟨kämpf⟩en. Er gab große Geld- (und) Getreide(mengen) gegen sie[44], (so dass) die Uferländer des Horus (= Ägypten) und Tameri (= Ägypten) beruhigt wurden.

(d) Er trug jede Sorge, Heer, Pferde (= Reiterei) (und) Schiffe gegen diejenigen zu schicken, die auf dem Ufer (= Festland) (oder) dem Meer gekommen waren, um Krieg gegen Ägypten zu führen. ⟨Er⟩ machte zahlreichen Aufwand an Geld (und) Getreide gegen diese[45], um die Tempel und die Menschen, die (in) Ägypten waren, in Ruhe sein zu lassen.

(g) und da er auch Sorge dafür trug, dass Kavallerie und Infanterie und Marine gegen die ausgesandt werden, (21) die zur See und zu Land gegen Ägypten gezogen sind, und dabei erhebliche Kosten an Silber und Getreide aufwandte, damit die Heiligtümer und al[l]e in ihm (= Ägypten) Befindlichen in Sicherheit sind;

§ 16 Belagerung und Eroberung der von den Rebellen befestigten Stadt Lykonpolis [➤ S. 117]

(h) {Seine Majestät zog nach ..}[46] Seine Majestät zog nach ..⟨ ………………………………………………………………………………………………⟩ Feinde, die in ihr waren, denn sie machten große Gewalttätigkeiten im Glänzenden (Land) (= Ägypten), (und) sie übertraten den

Weg, der Seiner Majestät beliebt, und den Plan der Götter. Er dämmte jeden ⟨Fl⟩usslauf, der zu ⟨dieser Festung⟩ zog (= floss), ab. Gleiches wurde vo⟨n⟩ früheren Königen nicht gemacht. Er gab Silber(beträge)[47] gemäß ihrer Menge[48] gegen sie. Dann gab Seine Majestät seine Truppen ⟨… … … … … … …[49] … … … … … … … … … … … … … … … …⟩ wahrhaftig tief.

Seine Majestät erbeutete diese Festung wahrlich in … vieler Sekunden[50]. Er bemächtigte sich der Feinde, die in ihr waren. Er metzelte[51] sie entsprechend dem, was Schu,[52] Sohn des Re,[53] zusammen mit Horus, Sohn der Isis, vordem(?) an diesem Ort denen angetan hatten, die sich gegen sie aufgelehnt hatten.

(d) Er ging zur Festung[54] von Schekan[55], [die] von den Feinden mit jeglicher Arbeit ummauert [worden w]ar, indem viele Waffen (und) jegliche Ausrüstung (in) ihrem Innern waren. Er umschloss die nämliche Festung außenherum mit Mauer (und) Wall wegen der Feinde, die (in) ihrem Innern waren (und) die viel Schaden gegen Ägypten angerichtet hatten, indem sie den Weg der Angelegenheit[56] des Königs und der Angelegenheit [der Gö]tter verlassen hatten. Er veranlasste, dass die Flussläufe, die Wasser zu der nämlichen Festung schickten, abgedämmt werden, ohne dass die früheren Könige es ebenso hätten machen können[57]. Viel Geld wurde dafür aufgewendet. Er teilte ein Heer von Fußsoldat(en) (und) Pferden (= Reiterei) an (die) Mündungen der nämlichen Flussläufe ein, um auf sie aufzupassen (und) um sie wegen der Über[schwem]mungen des Wassers unbeschädigt sein zu lassen, die im Jahr 8 an den nämlichen Flussläufen hoch waren, indem die nämlichen Flussläufe, die Wasser in ein großes Gebiet[58] leiten – indem sie sehr tief waren.

Der König nahm die nämliche Festung (mit) Stärke der Hand in wenigen Tagen (ein). Er bemächtigte sich der Feinde, die (in) ihrem Innern waren. Er metzelte sie gemäß dem, was Phre und Horus, Sohn der Isis, gegen die gemacht haben, die früher an den nämlichen Orten gegen sie feindlich gewesen waren.

(g) er kam (22) auch nach Lykonpolis, das im busiritischen Gau, das erobert und gegen eine Belagerung befestigt war, sowohl mit einem ziemlich reichen Vorrat an Waffen als auch allem anderen Unterhalt insgesamt, weil dort seit langer (23) Zeit eine Auflehnung von den in die Stadt eingedrungenen Gottlosen war, die sowohl gegen die Heiligtümer als auch gegen die in Ägypten Lebenden viel Schlechtes getan haben; und er hat sie (= die Stadt) belagert, indem er (24) sie mit Wällen und Gräben und erheblichen Mauern umgeben hat. Als der Nil in seinem achten Regierungsjahr ganz besonders über die Ufer trat und wie gewohnt die (25) Ebene überschwemmen wollte, hielt er ihn zurück, indem er die Mündungen der Kanäle an vielen Orten befestigte; und er hat eine erhebliche Menge an Geld dafür aufgewendet und hat Reiter und Fußsoldaten zu ihrer Bewachung (26) aufgestellt;

in kurzer Zeit nahm er die Stadt im Sturm ein und vernichtete alle in ihr befindlichen Gottlosen wie [Herm]es und Horus, der Sohn der Isis und des Osiris, die die an denselben (27) Orten befindlichen Abtrünnigen dereinst bezwungen hatten;

(h) Die Feinde aber[59], die eine Truppe gesammelt hatten, wobei sie an ihrer Spitze waren, sie die Gaue in die Irre führten, [während] Verbrechen in den Uferländern des Horus (= Ägypten) waren,[60] (und) [sie (= die Feinde) die Wege Seiner Majestät und seines vornehmen Vaters übertraten: Die Götter ließen ihn (= Ptolemaios V.) sich ihrer in »Weiße Mauer« (= Memphis)] beim Fest der Übernahme aber[61] des Königtums von seinem Vater [bemächtigen], hingerichtet durch Pfählung.[62]

(d) Die Feinde, die ein Heer gesammelt hatten, indem sie an ihrer[63] Spitze waren, um die Gaue zu verwirren, indem sie Schaden gegen die Tempel angerichtet hatten (und) indem sie den Weg des Königs[64] und seines Vaters verlassen hatten: Die Götter ließen ihn (= Ptolemaios V.) (in) Memphis bei dem Fest seiner Übernahme des Herrscheramtes von seinem Vater Macht über sie haben. Er ließ sie pfählen[65].

(g) die Anführer der Aufständischen aber, die auch in der Zeit seines Vaters das Land v[erwüs]tet und gegenüber den Heiligtümern Unrecht getan hatten, brachte er nach Memphis, um (28) dem Vater ebenso wie seiner eigenen Königsherrschaft beizustehen; er bestrafte alle, wie es üblich ist, zu dem Zeitpunkt, an dem er ankam, um gleichzeitig [für sich die] üblichen Bräuche für die Übernahme der Königsherrschaft durchzufüh[ren];

§ 18 Erlass der Steuerrückstände der Tempel [➤ S. 122]

(h) Die »Reste Seiner Majestät«[66], die bei den Tempeln (= zulasten der Tempel) bis zum Jahr 9 waren, ein bleibender (und) dauernder ⟨Be⟩trag(?)[67], Geld u⟨nd⟩ Getreide: Seine Majestät erließ sie. Ebenso (verfuhr er) mit den Gewändern von feinstem Leinenstoff, die an den Palast gegeben werden (und) die bei den Tempeln waren[68], und von dem Rest, der von den Gewändern bis zu diesem Zeitpunkt für sie festgestellt wurde.

(d) Er nahm Abstand von den »Rückständen des Königs«, die zulasten der Tempel bis Jahr 9 (aufgelaufen) waren, wobei sie eine Zahl von viel Geld (und) Getreide ausmachten, ebenso von (dem) Wert der Byssosstoffe, die von dem, was man für den Palast macht, zulasten der Tempel waren (= gingen), und (von) dem Rest[69], der von dem festgestellt wurde, was man bis zum nämlichen Termin gemacht hatte.

(g) da er auch (29) i[n] den Tempeln die Schulden an den königlichen Fiskus bis zu (seinem) achten Jahr erließ – es handelte sich um eine ganz erhebliche Menge an Silber und Getreide –, gleich[falls aber] auch den Wert der nicht an den königlichen Fiskus abgelieferten feinen Le[inen]stoffe (30) und von den Lieferungen die Unkosten an den Musterstücken[70] bis zur selben Zeit;

§ 19 Aufhebung der Abgaben vom Tempelland [➤ S. 123]

(h) Dann nahm ⟨er⟩ Abstand von den 5 Scheffeln Getreide, die pro Arure vom Feld der Götter erhoben wurden;

ebenso (verfuhr er) mit dem ...-Maß von ihrem Wein vom Weingarten.

(d) Er befahl auch wegen der Weizenartabe pro 1 Acker(arure), die man von den Feldern des Gottesopfers einzog; ebenso von dem Wein⟨maß⟩ pro 1 Acker(arure) der Weingärten der Gottesopfer der Götter: Er nahm Abstand von ihnen.

(g) da er den Tempeln auch die (an den Fiskus) ab[getre-t]ene Artabe pro Arure für das heilige Land erließ, und gleichfall[s] (31) für das Weinland das Keramionmaß pro Arure;

§ 20 Fürsorge für die heiligen Tiere [➤ S. 124]

(h) Er machte großes (= viel) Nützliches für Apis, Mnevis und jedes heilige göttliche Tier über das hinausgehend, was man vonseiten der Vorfahren machte.[71] Sein Herz war zu jedem Augenblick[73] in ihre Angelegenheit eingetreten.[74] Er gab jede Sache, die man zur »Vereinigung«[74] ihres Leibes suchte, wobei sie (= die Bestattung) groß (und) erhaben war. Er brachte, was ihnen angelegt wird, bei einem großen Fest zu ihren Tempeln (zusammen mit) dem Darbringen von Brandopfer(n), dem Weihen von Opfer(n) und allen Dingen, die zu tun recht ist. [... ... ...[75] ... ...]

Er gab große Gold-, Geld- (und) Getreide(mengen) und alle Dinge entsprechend ihrer Menge an das Einführungshaus[76] des lebenden Apis zusammen mit der Ausschmückung durch Seine Majestät in neuer wohltätiger Arbeit. Wie sehr war sie schön! Er ließ den lebenden Apis zu ihm (= dem Haus) erscheinen (= eine Prozession machen).

(d) Er machte viele Wohltaten für Apis, Mnevis und die anderen Tiere, die (in) Ägypten heilig sind, mehr als das, was die (Könige), die vor ihm waren, gemacht hatten, (indem) sein Herz zu jeder Zeit bei ihrer Angelegenheit war, indem er das gab, wa⟨s⟩[77] für ihre Bestattung(en)[78] gewünscht wurde, wobei sie groß waren, wobei sie ehrenvoll waren,[79] indem er das brachte[80], was man (in) ihre Tempel weiht(?),[81] wenn ein Fest gefeiert wird (oder) wenn vor ihnen ein Brandopfer dargebracht wird, und die übrigen Dinge, die zu tun sich ziemt. Die Ehren[82], die den Tempeln zukommen, und die anderen Ehren Ägyptens: Er setzte sie in ihrer (richtigen) Art gemäß dem Gesetz fest.

Er gab viel Gold, Geld, Getreide und anderen Besitz für den Sitz des Apis. Er ließ ihn (= das Gebäude)[83] (in) neuer Arbeit vollenden, in Arbeit, ⟨die⟩ sehr schön ist.

(g) da er dem Apis(stier) und dem Mnevis(stier) vieles schenkte und den anderen heiligen Tieren in Ägypten, viel mehr als die, die vor ihm König waren, sorgte er sich bei jeder Gelegenheit [um] die diese betreffenden Angelegen[heiten] (32); für ihre Begräbnisse gab er das ihnen dafür Nötige reichlich und ehrenvoll und die Zahlungen für ihre eigenen Heiligtümer mit Opfern und Festprozessionen und den anderen Bräu[chen]. (33) Und die Ehrenvorrechte der Heiligtümer und Ägyptens beachtete er im Lande gemäß den Gesetzen.

Und er hat das Apieion mit kostbaren Werken ausgestattet, indem er es mit einer großen Menge an Gold u[nd Silber] (34) und kostbaren Steinen versah;

§ 21 Fürsorge für den Kult der Götter im Allgemeinen

[➤ S. 125]

(h) Er voll⟨end⟩ete n[eu] die Tempel, Heiligtümer (und) Altäre [für die Götter ....[84] beim Beraten der vollkommenen Angelegenheiten[85] der Tempel[86], um sie in seiner Zeit zu erneuern ...] davon.[87]

(d) Er ließ Tempel, Kapelle (und) Altar neu (für) die Götter vollenden. Er ließ andere ihre (alte/richtige) Art machen (= haben), wobei er mit (dem) {Auge} ⟨Herzen⟩[88] eines wohltätigen Gottes bei den Göttern war, indem er die Ehren der Tempel suchte, um sie zu seiner Zeit des Königseins in der Art, die sich zie[mt], zu erneuern.

(g) und da er Heiligtümer und Kapellen und Altäre weihte, diejenigen, die einen Wiederaufbau brauchten, wieder herrichtete, indem er den Sinn eines wohltätigen Gottes gegenüber den Dingen, [die das] (35) Göttliche betreff[en], aufwies. Und nachdem er Weiteres in Erfahrung gebracht hatte, erneuerte er die höchsten Ehren[89] der T[e]mpel während seiner eigenen Königsherrschaft so, wie es sich gehört.

§ 22 Für alles dieses belohnen die Götter den König.

[➤ S. 125]

(h) Der Lohn dafür: Die Götter (und) Göttinnen geben ihm Sieg, Stärke, Leben, Unversehrtheit, Gesundheit und alle vollkommenen Dinge insgesamt, indem sein großes Amt dauerhaft in seinem Besitz und dem seiner Kinder ist – ewiglich.

(d) Die Götter gaben ihm den Lohn dafür: die Kraft, den Sieg, die Stärke, die Unversehrtheit, die Gesundheit und all die anderen Wohltaten. Sein Königsamt ist dauerhaft in seinem Besitz und dem seiner Kinder bis in Ewigkeit festgesetzt.

(g) Dafür gaben ihm die Götter Gesundheit, Sieg und Stärke und [alles] andere Gut[e] (36), für die Dauer der Königsherrschaft sowohl für ihn als auch für seine Kinder bis in alle Zeit.

§ 23 In Anbetracht dessen beschließen die Priester, die Ehren des Königs und seiner Ahnen zu vermehren.

[➤ S. 126]

(h) Mit vollkommenem Geschick!

Es gelangte in das Herz der Priester der Tempel Ober- und Unterägyptens entsprechend ihrer M[enge][90], die E[hrungen des Königs von Ober- und Unterägypten, Ptolemaios, ewiglebend, den Ptah liebt, des Erscheinenden Gottes, des Herrn der Vollkommenheit in den Uferländern des Horus (= Ägypten): sie zu vergrößern und die (Ehrungen), die für die Vaterliebenden Götter, die ihn entstehen ließen, geschehen, und die der Wohltätergötter, die die entstehen ließen, die ihn geschaffen haben, und die der Geschwistergötter, die] die entstehen ließen, die sie gem[acht] haben[91], und die der Rettergötter, der Vorfahren, insgesamt.

(d) Mit dem vollkommenen Geschick!

Es erreichte (das) Herz der Priester aller Tempel Ägyptens, die Ehren, die dem König Ptolemaios, ewiglebend, dem Erscheinenden Gott, dessen Wohltat schön ist, in den

Tempeln zustehen, und die, die den Vaterliebenden Göttern, die ihn erzeugten, zustehen, und die den Wohltätergöttern, die die erzeugten, die ihn erzeugten, zustehen, und die, die den Geschwistergöttern, die die erzeugten, die sie erzeugten, zustehen, und die, die den Rettergöttern, den (Vor-)Vätern seiner (Vor-)Väter, zustehen, zu vergrößern.[92]

(g) Mit gutem Glück!

Es haben die Priester aller Tempel im Lande beschlossen, die bestehenden [höchsten] E[hren][93] (37) für den ewiglebenden König Ptolemaios, geliebt von Ptah, den Erscheinenden und Begnadeten Gott, gleichwie auch für seine Eltern, die Vaterliebenden Götter, und für seine Großeltern, die Wohltätergöt[ter, und für die] (38) Geschwistergötter und für die Rettergötter in überaus großem Maße zu vermehren;

§ 24 Aufstellung einer Statue des Königs und des jeweiligen Ortsgottes in allen Tempeln [➤ S. 127]

(h) Und man soll eine Statue des Königs von Ober- und Unterägypten, Ptolemaios, ewiglebend, den Ptah liebt, des Erscheinenden Gottes, des Herrn der Vollkommenheit, die man »Ptolemaios, Schützer des Glänzenden (Landes) (= Ägyptens)« nennen soll – seine Erklärung ist »Ptolemaios, [der St]arke [Ägyp]tens« –, [zusammen mit einer Statue des Stadtgottes, der ihm ein königliches Siegesschwert gibt, in den Beiden Wassergebieten (= Ägypten) in jedem Heiligtum nach seinem Namen (= in jedem einzelnen Heiligtum) im Hof der Menge des Tempels in Arbeit der Bildhauer des Glänzenden (Landes) aufstellen.]

(d) Und man soll eine Statue des Königs Ptolemaios,

ewiglebend, des Erscheinenden Gottes, dessen Wohltat schön ist, aufstellen – und sie soll »Ptolemaios, Schützer des Glänzenden (Landes) (= Ägyptens)«, dessen Erklärung »Ptolemaios, der Ägypten geschützt hat« (ist), genannt werden –, zusammen mit einer Statue des Gottes der Stadt, wie er ihm ein Siegesschwert gibt, in dem Tempel – Tempel für Tempel – an dem öffentlichen Ort des Tempels, wobei sie (= die Statuen) gemäß ägyptischer Arbeit gemacht sind.

(g) eine Statue in jedem Heiligtum am [best]sichtbaren [Ort] vom ewiglebenden König Ptolemaios, dem Erscheinenden und Begnadeten Gott, aufzustellen (39), die benannt werden soll »Ptolemaios, der Ägypten beisteht«, dem der Hauptgott des Heiligtums beizustellen ist, indem er (= der Hauptgott des Tempels) ihm (= Ptolemaios) die Siegeswaffe überreicht, was (alles) [auf ägyptische] (40) Weise gestaltet sein soll;

§ 25 Dienst bei dieser Statuengruppe [➤ S. 129]

(h) [Und die Priester[94] des Tempels in] jedem [Tem]pel nach seinem Namen (= jedem einzelnen) sollen diesen Stat⟨ue⟩n dreimal täglich[95] dienen (und) (Kult-)Zurüstung(en) vor sie legen.[96] Sie sollen jede Vorschrift tun[97], die sich für ihre Ka(-Lebenskraft) ziemt, wie es getan wird für die Gaugötter an den Festen an (ihren) Terminen[98] und dem Tag des Erscheinens und auch (am) Tag in seinem Namen (= jedem Tag?).

(d) Und die Priester sollen den Statuen in dem Tempel – Tempel für Tempel – dreimal täglich dienen. Und sie sollen (Kult-)Zurüstung(en) vor sie legen. Und sie sollen für sie die übrigen Dinge tun, die zu tun recht ist, gemäß dem, was sie[99] (für) die anderen Götter (an) den Festen, den Erscheinungen[100] (und) den nämlich⟨en⟩ Tagen[101] machen.

(g) und die Priester sollen den Statuen dreimal am Tag den Dienst vollziehen und vor ihnen den heiligen Kosmos (= die Gerätschaften für das tägliche Tempelritual) ausbreiten und die anderen Bräuche durchführen, so wie es auch für die übrigen Götter bei den [Festen und Fest](41)prozessionen geschieht;

§ 26 Aufstellung eines Holzbildes des Königs mit einem goldenen Schrein in den Tempeln [➤ S. 130]

(h) Und man soll ein heiliges Bild des Königs von Ober- und Unterägypten, Pto[le]m[aios, des Erscheinenden Gottes, des Herrn der Vollkommenheit, des Sohnes des Königs von Ober- und Unterägypten, Ptolemaios und der Herrscherin, der Herrin der Beiden Länder, Arsinoe, der Vaterliebenden Götter, zusammen mit dem/einem] vornehmen [Schrein] aus Elektron, eingelegt mit jedem echten (Edel-) Stein, in jedem Tempel nach seinem Namen (= jedem einzelnen Tempel) bilden, der (d. h. der Schrein des Königs) im Allerheiligsten mit den Schreinen der Gaugötter ruht.

(d) Und man soll ein Götterbild des Königs Ptolemaios, des Erscheinenden Gottes, dessen Wohltat schön ist, ⟨Sohnes⟩ des Ptolemaios und der Königin Arsinoe, der ihren {König} ⟨Vater⟩ liebenden Götter, zusammen mit dem[102] Goldschrein (in) dem Tempel – Tempel für Tempel – erscheinen lassen. Und man soll ihn (im) Allerheiligsten zusammen mit den anderen Goldschreinen ruhen lassen.

(g) ferner [in jedes der] Heiligtümer ein Holzbild und einen gol[denen] Schrein dem König Ptolemaios, dem Erscheinenden und Begnadeten Gott, dem Spross des Königs Ptolemaios und der Königin Arsinoe, der Vaterliebenden Götter, zu weihen (42) und sie in die Allerheiligsten zu den anderen Schreinen (der übrigen Götter des Tempels) zu stellen;

§ 27 Ausführung dieses Schreines bei den Prozessionen [➤ S. 130]

(h) Wenn aber die großen Feste geschehen, an denen ein Gott aus seinem vornehmen Sanktuar zu seinem Haus herauskommt, soll man den vornehmen Schrein des Erscheinenden Gottes, des Herrn der Vollkommenheit, mit ihnen (= den Götterschreinen) erscheinen lassen.

(d) Wenn die großen Feste, an denen man die Götter erscheinen lässt,[103] stattfinden, soll man den Schrein des Erscheinenden Gottes, dessen Wohltat schön ist, zusammen mit ihnen erscheinen lassen.

(g) und bei den großen Festprozessionen, bei denen die Schreine ausgeführt werden, auch [den Schrein] des Erscheinenden und Be[gnadeten] Gottes [mitaus](43)zuführen.

§ 28 Aussehen des Schreines [➤ S. 131]

(h) Um zu veranlassen, dass man diesen Schrein am heutigen Tag bis auf Jahre hinaus erkennt, soll man zehn Kronen Seiner Majestät, wobei eine Schlange[104] vor ihnen ist, (nämlich) jeweils (vor) einer jeden davon, entsprechend dem Tun der rechten Ordnung mit jeder Krone, auf diesen Schrein geben als Ersatz für die (= anstelle der) beiden Großen (= die Uräusschlangen), die (sonst) auf den Schreinen sind, (und) wobei eine Doppelkrone in der Mitte von ihnen ist, weil Seine Majestät mit ihr im Haus des Ptah[105] erglänzte, nachdem für ihn (= Ptolemaios V.) jede Zeremonie der Einführung des Königs in den Tempel gemacht worden war, als er sein großes Amt übernommen hatte.

Und man soll in die obere Hälfte des Vierecks(?)[106], das außerhalb dieser Kronen[107] ist, gegenüber dieser Doppelkrone [eine Binse und eine Papyruspflanze] geben (und) [einen Geier auf einen Korb – eine Binse unter ihm – auf die rechte Seite dieses Schreines;] ebenso [eine Kobra auf einen Korb] – eine Papyruspflanze [unter ihr] – auf seine linke Seite. Seine Erklärung ist »Die Beiden Herrinnen[108], die Ober- und Unterägypten erleuchtet haben«.

(d) Damit man den Schrein am (heutigen) Tag[109] und in der übrigen Zeit, die kommen wird, erkennt, sollen zehn königliche Goldkronen, wobei ein Uräus an ihnen ist, (jeweils einer) zu einer (Krone) gemäß dem, was für die Goldkronen[110] zu tun recht ist, oben auf den Schrein gegeben werden anstelle der Uräen, die oben auf den übrigen Schreinen sind. Und die Doppelkrone soll (in) der Mitte der Kronen sein. Denn sie (ist es)[111], mit der der König (im) Tempel von Memphis erschien, als für ihn das gemacht wurde, was zu tun beim Empfang des Herrscheramtes recht ist.

Und oberhalb des[112] {Atefkrone} ⟨Vierecks⟩[113], das außerhalb der Kronen ist, vor[114] der {Goldkrone} ⟨Doppelkrone⟩, die oben beschrieben ist, sollen eine Papyruspflanze und eine Binse gestellt werden.[115] Und ein Uräus[116] soll rechts[117] an die Seite oben auf den Goldschrein auf einen Korb gestellt werden, unter dem eine Binse ist. Und ein Uräus, unter dem ein Korb ist, soll links auf eine Papyruspflanze gestellt werden. Dessen Erklärung ist: »Der König, der Ober- (und) Unterägypten erleuchtet hat«.

(g) Damit er jetzt und für alle Zeit gut erkennbar ist, sollen oben auf den Schrein die zehn goldenen Kronen des Königs gesetzt werden, denen, [wie es üblich ist,][118] ein Uräus beigefügt ist, [anstelle] (44) der uräusförmigen Bekrönungen auf den übrigen Schreinen.[119] In deren Mitte soll sich aber die sogenannte *ps'chent*-Krone befinden, die er (= der König) trug, als er in [das Heiligtum] in Memph[is] eingetreten ist, [damit in ihm] (45) die zur Übernahme der Königsherrschaft üblichen Gesetzmäßigkeiten [durch]geführt würden.

Fernerhin sind auf das Viereck um die Kronen nach der vorgenannten (*ps'chent*-)Krone die [zwei] Wächterinnen aus Gol[d] zu setzen, [die zu erkennen geben[120], (46) d]ass es der König ist, der dem Oberen und Unteren Land erschienen ist;

§ 29 Wegen des Geburts- und Thronbesteigungstages des Königs sollen der 17. und der 30. Tag eines jeden Monats gefeiert werden. [➤ S. 133]

(h) Weil der [vierte] Monat des Sommers, der letzte Tag der Geburtstag des Vollkommenen Gottes, ewiglebend, als Erscheinungsfest (schon) früher in den Uferländern des Horus (= Ägypten) Bestand hatte, (und) ebenso (verhält es sich) mit dem zweiten Monat der Überschwemmungszeit, Tag 1[7], (als) für ihn die Zeremonie des Erscheinens (als)

König gemacht wurde, als er das Königtum von seinem Vater empfing – siehe nun, der Beginn von allen nützlichen (und) groß[en] Dingen, [die für] die (Menschen) auf der Erde [sind, nämlich die Geburt des Vollkommenen Gottes, ewiglebend, und die Übernah]me seines wohltätigen Amtes –, mögen diese Tage, Tag 17 (und) der letzte Tag in jedem Monat, als Fest in allen Tempeln des Glänzenden (Landes) (= Ägyptens) begangen werden. Und man soll an diesen Festen in jedem Monat Brandopfer ⟨dar⟩bringen (und) Opfer weihen und alle Dinge tun, die zu tun sich bei Festen ziemt. Alle Dinge, die an diesen Festen gemacht (= dargebracht) werden, werden an alle Männer geleitet, die im Tempel ihren Stundendienst verrichten.

(d) Da es geschah, dass der vierte Monat des Sommers, letzter Tag, an dem der Geburtstag des Königs begangen wird, (schon) früher als Erscheinungsfest (in) den Tempeln festgesetzt war,[121] ebenso der zweite Monat {des Winters} ⟨der Überschwemmungszeit⟩[122], Tag 17, an[123] dem für ihn die Zeremonien der Übernahme des Herrscheramtes gemacht wurden – der Beginn der Wohltaten, die für alle Menschen geschehen sind, (nämlich) die Geburt des Königs, ewiglebend, und die Übernahme des Herrscheramtes, die er gemacht hat: Begeht[124] in allen Tempeln Ägyptens monatlich diese Tage, Tag 17 (und den) letzten Tag, (als) Fest! Und Brandopfer, Trankopfer (und) die übrigen Dinge, die zu tun (an) den anderen Festen recht ist, sollen monatlich (an) den beiden Festen gemacht (= dargebracht) werden. Und das, was (als) Opfer dargebracht wird, es soll an[125] die Menschen, die im Tempel{n}[126] dienen, überwiesen werden.

(g) und da der dreißigste Mesore, an dem der Geburtstag des Königs gefeiert wird, ebenso wie auch [der siebzehnte des Phaophi], (47) an dem er die Königsherrschaft von seinem Vater übernommen hat, als eponyme Tage in den Heiligtümern gelten, die Urheber vieler guter Dinge für alle (Menschen) sind, sind diese Tage monatlich als Fes[te und Festprozessionen in den] Heiligtümern [Äg]yptens zu feiern; (48) und während dieser sind Brandopfer und Trankspenden durchzuführen und die übrigen Bräuche, so wie es auch bei den anderen Festprozessionen geschieht, und die stattfindenden Opferungen [sind an alle Dienst]habenden in den Tempeln [zu verteilen[127]].

§ 30 Am Anfang des Monats Thot soll zu Ehren des Königs ein fünftägiges Fest gefeiert werden. [➤ S. 135]

(h) [Un]d [man soll in allen Tempeln des Glänzenden (Landes) (= Ägyptens)] jährlich vom ersten Monat der Überschwemmungszeit, 1. Tag bis (= für) fünf Tag(e) [ein Erscheinungsfest für] den König von Ober- und Unterägypten, Ptolemaios, ewiglebend, den Ptah liebt, den Erscheinenden Gott, den Herrn der Vollkommenheit, feiern. Ein Kranz sei auf ihrem (= der Festteilnehmer) Kopf, die Altäre sollen festlich gemacht werden, Opfer sollen geweiht werden und auch[128] alle Dinge, die zu tun sich ziemt.

(d) Und in den Tempeln und in ganz Ägypten soll jährlich (von) Tag 1 (an) fünf Tage lang ein Erscheinungsfest (für) den König Ptolemaios, ewiglebend, den Erscheinenden Gott, dessen Wohltat schön ist, im ersten Monat der Überschwemmungszeit begangen werden, wobei man sich bekränzt, während Brandopfer, Trankopfer und die übrigen Dinge, die zu tun sich ziemt, gemacht werden.

(g) (49) Es ist jähr[lich] ein Fest und eine Festprozession für den ewiglebenden und von Ptah geliebten König Ptolemaios, den Erscheinenden und Begnadeten Gott, [in den Heiligtümern im] (50) Lande fünf Tage lang vom Neumond des (Monats) Thoth an durchzuführen, an denen sie (= die Festteilnehmer) sich auch bekränzen sollen, während sie die Brandopfer und Trankspenden und das übrige Dazugehörige durchführen;

§ 31 Die Priester sollen die Würde eines Priesters des Gottes Epiphanes in ihre Titulatur aufnehmen. [➤ S. 136]

(h) Die Priester der Tempel in jedem Heiligtum nach seinem Namen (= jedem einzelnen Heiligtum), sie sollen »Gottesdiener des Erscheinenden Gottes, des Herrn der Vollkommenheit« über ihre (bestehenden) Priesterämter hinaus genannt werden. Sie sollen ihn (= den neuen Priestertitel) auf jede(?) Urkunde von(?) [allen(?)] Sachen[129] schreiben. Das Amt des Priesters des Erscheinenden Gottes, des Herrn der Vollkommenheit, werde auf das Siegel ...[130] ihrer Hand [graviert].

(d) Und die Priester, die in den Tempeln Ägyptens sind – Tempel für Tempel –, sie sollen »die Priester des Erscheinenden Gottes, dessen Wohltat schön ist« zusätzlich (zu) den anderen Priesternamen genannt werden. Und sie sollen ihn (= den neuen Priestertitel) in jede Beurkundung[131] schreiben. Und sie sollen das Priesteramt des Erscheinenden Gottes, dessen Wohltat schön ist, (auf) ihre (Siegel-)Ringe schreiben. Und sie sollen es auf sie eingravieren.

(g) zusätzlich sind [die Priester der anderen Götter] (51) auch als Priester des Erscheinenden und Begnadeten Gottes zu den anderen Amtstiteln der Götter, denen sie den Dienst versehen, zu benen[nen], und seine Priesterschaft ist in allen Urkunden zu verzeichnen, und [sie ist einzugravieren[132]] auf die S[iegelringe, die sie tragen].

§ 32 Auch Privatpersonen dürfen dem König die beschlossenen Ehrungen erweisen. [➤ S. 136]

(h) Siehe, es soll nun aber in den Händen der Seienden (= Menschen) sein, die (es) wünschen werden, ein Gleiches dieses Schreines des Erscheinenden Gottes, des Herrn der Vollkommenheit, aufzustellen, um ihn (= den Schrein) in ihrem Haus sein zu lassen. Und sie sollen diese Erscheinungsfeste jeden Monat jedes Jahr begehen, um wissen zu lassen, dass die, die in Tameri (= Ägypten) sind, [den Erscheinenden Gott, den Herrn der Vollkommenheit, entsprechend der richtigen Ordnung][133] verehren.

(d) Und es soll auch für die Menschen (der) Masse, die (es) wünschen werden, möglich sein, die Gestalt des oben (genannten) Goldschreines des Erscheinenden Gottes, dessen Wohltat schön ist, erscheinen zu lassen (und) ihn an ihren Plätzen (= zu Hause) sein zu lassen. Und sie sollen die Feste (und) die Erscheinungsfeste, die oben beschrieben sind, jährlich begehen. Und es soll bekannt sein, dass die, die in Ägypten sind, den Erscheinenden Gott, dessen Wohltat schön ist, entsprechend dem, was zu tun recht ist, ehren.

(g) (52) Es soll aber auch den übrigen Privatleuten möglich sein, das Fest zu feiern und den vorgenannten Schrein aufzustellen und bei sich [die Bräuche bei den Festen, sowohl den monatlichen als auch den] jährlichen, durchzuführ[ren], (53) damit offensichtlich ist, dass die in Ägypten (Lebenden) den Erscheinenden und Begnadeten Gott König wertschätzen und ehren, so wie es bei [ihnen] üblich is[t].

§ 33 Publikation des Dekretes [➤ S. 137]

(h) Dieses Dekret [soll] in der Schrift der Gottesworte, der Briefschrift (und) der Schrift der Griechen[134] auf eine Stele von hartem Stein[135] [graviert werden], die man in allen Tempeln, in jedem Heiligtum nach seinem Namen (= jedem einzelnen Heiligtum), im ersten, zweiten (und) dritten, neben der Statue[136] des Königs von Ober- und Unterägypten, Ptolemaios, ewiglebend, den Ptah liebt, des Erscheinenden Gottes, des Herrn der Vollkommenheit aufstellt.

(d) Und man soll das Dekret auf eine Stele von hartem Stein in Schrift (der) Gotteswort(e), Briefschrift (und) griechischer Schrift schreiben. Und man soll sie in den ersten Tempeln, den zweiten Tempeln (und) den dritten Tempeln bei der Statue des Königs, ewiglebend, aufstellen.

(g) [Dieser Beschluss ist aufzuschreiben auf eine Ste(54)-le[137] von h]artem Stein in heiligen, einheimischen und griechischen Schriftzeichen, und sie ist in jedem [der Heiligtümer] erster, zweiter [und dritter Ordnung beim Bild des ewiglebenden Königs] aufzustellen.

Erläuterungen zur Inschrift

Der historische Kontext: die letzte Königsdynastie Ägyptens[1]

Das griechisch-makedonische Königshaus der Ptolemäer (305–30 v. Chr.) stellte die letzte und zugleich mit fast 300 Jahren auch die am längsten währende Dynastie Ägyptens. Gleichzeitig beherrschten die Ptolemäer das langlebigste der Nachfolgereiche Alexanders d. Gr., von denen eins nach dem anderen Rom zum Opfer fiel. Nach dem Tod der letzten Königin der Ptolemäerdynastie, Kleopatras VII., im Jahr 30 v. Chr. wurde Ägypten eine Provinz des römischen Imperiums. In der heutigen Einteilung der Antike in einzelne Zeiträume beginnt das Zeitalter des Hellenismus mit Alexander und endet mit Kleopatras Tod.

Begründet hat das Königshaus ein Leibwächter Alexanders d. Gr. namens Ptolemaios, Sohn des Lagos. Aufgrund des Vatersnamens von Ptolemaios I. werden die Ptolemäer – jeder Vertreter der Dynastie trug denselben Namen – zuweilen auch als Lagiden bezeichnet. Besagtem Ptolemaios war es nach dem Tod Alexanders d. Gr. im Jahr 323 v. Chr. gelungen, sich Ägypten anzueignen. Er hatte zunächst als Verwalter (Satrap) Ägyptens nach dem Tod Alexanders die faktische Macht am Nil übernommen, bis er dann 305 v. Chr. nominell den Titel eines *basileús* und 304 v. Chr. auch den ägyptischen Königstitel annahm. Sehr schnell verlegte er den Herrschaftssitz von der alten Königsstadt Memphis nach Alexandria, einer Stadtgründung Alexanders d. Gr. am Mittelmeer, und unterstrich damit eine geopolitische Achsenverschiebung: Von nun an war deutlich, dass Ägypten nur Teil eines mediterranen Imperiums sein sollte, das in seinen Hochzeiten von Kyrene im Westen bis hin nach Thrakien im Nordosten reichte und den östlichen Mittelmeerraum mit seiner Flotte dominierte. Alexandria entwickelte sich innerhalb kürzester Zeit zur führenden Metropole, zur einwohnerreichsten Stadt des gesamten Mittelmeerraums. Ägypten selbst war eine Art »Chora«, also das Hinterland Alexandrias.

Ein wesentliches Kennzeichen des Königtums in hellenistischer Zeit war die Tatsache, dass diese Könige sich nicht nach einem speziellen Herrschaftsraum oder einer Ethnie bezeichneten, sondern ihr Königtum als universal betrachteten. Ptolemaios I. und seine Nachfolger sahen sich also weder ausschließlich als ägyptische Pharaonen noch als griechische Könige speziell der Länder Ägypten, Syrien oder Kyrene, sondern sie waren König (gr. *basileús*) in einem umfassenden Sinne.

Zwar waren und blieben die ptolemäischen Könige bis zum Ende der Dynastie Makedonen, doch machten sie die ägyptische Kultur und Religion des Hinterlandes ihrer Hauptstadt zu einem wichtigen Element ihrer Selbstdarstellung. Gerne spricht man deshalb vom Doppelgesicht der ptolemäischen Monarchie.[2] Besonders in Ägypten selbst konnten Ägypter die alexandrinischen Könige deshalb weiterhin so wahrnehmen, wie Pharaonen schon seit Jahrhunderten dargestellt wurden. Auf den ägyptischen Tempelwänden, auf Stelen oder in Urkunden erschien ein Ptolemäer in Bild und Schrift stets als Pharao. Gleichzeitig zeigten aber ptolemäische Münzen einen griechisch-makedonischen *basileús* – zumeist den ersten Vertreter der Dynastie –, und in der griechischen Welt trat ein König aus Alexandria selbstverständlich nicht als Pharao, sondern als hellenistischer König auf. Dieses doppelte Bild der Herrschaft ermöglichte vor allem in Alexandria verschiedene weitere Formen der Fusionierung von griechischen und ägyptischen Repräsentationsformen.

Von nun an beeinflussten auf der einen Seite die griechische Sprache und Kultur Ägypten, auf der anderen aber übte Ägypten selbst so weitgehenden Einfluss auf die fremden Pharaonen aus, dass sogar ihre griechische Hauptstadt von ägyptischen Monumenten geprägt war.[3]

Zwar bemühten sich die Ptolemäer darum, ihre Herrschaft so auszugestalten, dass auch die unterworfenen Ägypter ein Leben führen konnten, das sich nicht von dem der vorherigen Zeiten unterschied – es ging den Fremdherrschern darum, nicht nur mit militärischer Gewalt über Ägypten zu herrschen, sondern auch »die Herzen und Köpfe« der Einheimischen zu gewinnen –, aber dieses Vorhaben ist aufgrund des strengen Regimes, dessen maßgebliches Ziel es letztlich trotzdem war, einen wirtschaftlichen Nutzen aus dem Land zu ziehen, nicht immer gelungen. So kam es in Zeiten von Nahrungsmittelknappheit oder Schwäche der Zentralregierung zu Erhebungen gegen die »Griechen«. Über die konkreten Ursachen der Aufstände kann letztlich nur spekuliert werden. Neben Spannungen zwischen Zuwanderern und Einheimischen und akuten wirtschaftlichen Schwierigkeiten haben wohl Eingriffe des Königs in bisherige Privilegien der oberägyptischen Priesterschaften ebenso wie drohende Nahrungsmittelengpässe oder eine Agrarkrise die Bevölkerung an der Legitimität der Herrschaft zweifeln lassen.[4]

Die größte dieser Aufstandsbewegungen brach im 16. Regierungsjahr Ptolemaios' IV. (207/206 v. Chr.) aus und hielt ein gutes Vierteljahrhundert, bis zum Jahr 182 v. Chr., die ptolemäischen Könige in Atem.[5] Ganz Ägypten wurde in dieser Zeit von allem Anschein nach dezentral ausbrechenden und an unterschiedlichen Orten immer wieder aufflammenden Erhebungen heimgesucht, wobei ein Zentrum der Aufstände im oberägyptischen Theben lag, dem neben Memphis wichtigsten religiösen Zentrum des Landes. Doch auch das sumpfige und schwer zu kontrollierende Nildelta und sogar einer der wichtigsten griechischen Siedlungsräume, das Fajum, wurden von den Unruhen ergriffen. Von der Niederschlagung eines der Aufstandsherde in Lykonpolis im Nildelta berichtet das Dekret von Rosetta.

Die besondere Rolle der ägyptischen Priester(schaften)

Bereits Alexander d. Gr. hatte erkannt, dass dauerhafte Herrschaft über die von ihm unterworfenen Völker des Orients nur mithilfe der lokalen Eliten erlangt werden konnte. Und die lokalen Eliten Ägyptens, das waren Priesterschaften des Landes. Das älteste überlieferte zweisprachige griechisch-ägyptische Denkmal stammt vielleicht auch gerade deshalb aus einem Tempel, und zwar in der Oase Baharia – es markiert den Beginn der zweisprachigen Inschriftentradition im Land: ein Barkenständer mit einer griechischen und einer hieroglyphischen Inschrift. Vollumfänglich ist Alexander darin einerseits Pharao Ägyptens und andererseits griechischer König, der den lokalen Amun, im Griechischen als Ammon bezeichnet, verehrt.

Die hieroglyphische Titulatur kennzeichnet ihn bereits als Weltenherrscher, überschreitet mit der Erwähnung, dass er Herrscher des Mittelmeers ist, aber auch den bisherigen Aktionsraum der pharaonischen Vorgänger und integriert den Weltherrschaftsgedanken des Makedonen in eine pharaonische Repräsentation.[6]

Dem Beispiel Alexanders folgten die Ptolemäer, angefangen schon mit Ptolemaios I. So berichtet die antike Literatur, Ptolemaios habe Ägypten übernommen und dessen Bewohner mit Freundlichkeit behandelt.[7] Um die neuen Untertanen für sich einzunehmen, bemühte er sich besonders um seine Anerkennung durch die Priesterschaften, die eine Mittlerfunktion zur einheimischen Bevölkerung wahrnehmen sollten.

Das positive Verhältnis mit den Priestern, um das sich Ptolemaios bemühte, zeigt beispielsweise die sog. Satrapenstele aus dem Jahr 311 v. Chr.: Die Priester der für die ägyptische Königsideologie äußerst wichtigen unterägyptischen Stadt Buto preisen in der Inschrift den Satrapen Ptolemaios, der ihnen Landzuwendungen gewährt und auf diese Weise perserzeitliches Unrecht revidiert habe. Zudem habe er einst von den Persern verschleppte Götterstatuen nach Ägypten zurückgebracht,[8] was ebenfalls auf eine deutlich auf Ägypten ausgerichtete Religionspolitik des Satrapen hinweist.[9]

Ptolemaios ging aber nicht nur solchermaßen auf die Bedürfnisse der Priester ein. Ihm scheint es auch wichtig gewesen zu sein, sich ägyptisches Know-how an seinen Hof zu holen, wie es das Beispiel des Priesters Manetho von Sebennytos nahelegt.[10] Der fremde König wollte sein neues Land auch mithilfe ägyptischer Experten lenken, und diesem Vorbild folgten alle ihm nachfolgenden Könige. Stets ging es ihnen darum, die lokalen Priesterschaften zu einer aktiven Mitarbeit in ihrem Staat anzuhalten, so dass viele von ihnen letztlich als dritte Stütze der Herrschaft neben die griechische Verwaltung und das Militär traten. Eine entscheidende Rolle als Bindeglied zwischen Ptolemäern und ägyptischen Priestern hat dabei die Priesterschaft der alten Königsstadt Memphis gespielt, die bis zum Ende der Ptolemäerzeit eine loyale Stütze der Herrschaft war.[11]

Die Funktion der Tempel in der Landesherrschaft der Ptolemäer

Dass sich die fremden Pharaonen mit Blick auf den Ausbau der Landesherrschaft gerade auf die Priester stützen mussten, liegt vor allem daran, dass diese nicht nur über die Religion die Stimmung der lokalen Bevölkerung lenken konnten, sondern insbesondere daran, dass die Tempel, allen voran die Heiligtümer der Gauhauptstädte, schon immer die großen administrativen Zentren des Landes gewesen waren, um die herum sich das Wirtschaftsleben Ägyptens konzentrierte und die, zumindest zu einem gewissen Teil, auch die Steuern einziehen konnten. Aufgrund der ptolemäischen Förderung ist davon auszugehen, dass die Heiligtümer weiterhin bzw. nach der Perserzeit erneut eine starke ökonomische Kraft in Ägypten bildeten.[12]

Doch auch das ist wichtig: Tempel war nicht gleich Tempel. Es gab vielmehr erhebliche regionale Unterschiede und Konkurrenz zwischen den verschiedenen Heiligtümern sowie ihren Priesterschaften. Eine ägyptenweit herausragende Position spielten etwa der Ptahtempel von Memphis und der Amuntempel von Theben. Aber auch die Heiligtümer der Hauptgottheiten der jeweiligen Gaumetropolen, etwa der Horustempel von Edfu oder der Hathortempel von Dendera, verfügten nicht nur über großes Prestige und Einfluss, sondern auch über erhebliche Reichtümer. Doch Ägypten war ein Land unzähliger religiöser Stätten. Selbst in dem nur 1500 Bewohner fassenden Ort Kerkeosiris im Fajum gab es alles in allem 15 Heiligtümer![13] An diesem Dorf sieht man zudem, dass Tempel unterschiedlich klassifiziert wurden, so wie im Dekret von Rosetta schließlich von Heiligtümern erster, zweiter und dritter Ordnung gesprochen wird (§ 33).

Doch nicht nur zwischen und innerhalb von »Stadt« und »Land« gab es Unterschiede, sondern auch für die Landesherrschaft hatten Tempel durchaus unterschiedliche Bedeutung. In Oberägypten etwa waren die Heiligtümer im ersten Jahrhundert der ptolemäischen Herrschaft allem Anschein nach sogar noch Teil der öffentlichen Verwaltung. So hatte etwa der Tempel von Edfu Funktionen der staatlichen Bank und Getreidespeicher übernommen.[14] Das änderte sich erst nach einer Bürokratisierung und Zentralisierung der Verwaltung. Hierdurch verloren die lokalen Tempel eine wichtige Einkommens- und Machtquelle, denn jetzt sammelte der Staat die Ernteabgaben selbst ein, und auch die öffentlichen Landauktionen lagen von nun an nicht mehr in Tempelhand.[15] Ebenso lässt sich am Ende des 3. Jh.s v. Chr. eine Veränderung der demotischen Schreibertradition in Oberägypten beobachten, die auf königliche Direktive zurückgehen muss: Tempelbüros, die zunächst auch Aufgaben der öffentlichen Verwaltung wahrgenommen hatten und in den Händen einflussreicher ägyptischer Familien lagen, wurden nun durch staatliche ersetzt; die Amtsführung war nicht mehr erblich, und die Amtszeiten selbst waren begrenzt.[16]

Insgesamt bleibt festzuhalten, dass wir uns die ägyptischen Priesterschaften nicht als einen Klerus vorstellen dürfen. Denn nicht nur hatte jeder Gau des Landes seine eigenen Tempel mit einer eigenen Theologie, sondern innerhalb der Städte und Ortschaften jedes Gaues gab es viele verschiedene Kulte und Heiligtümer unterschiedlicher Größe mit ihren jeweiligen Bediensteten. Sicher ist jedoch, dass die Priester der großen Tempel zur lokalen Elite gezählt werden dürfen. Sie agierten in ihren Heiligtümern und den angeschlossenen Betrieben wirtschaftlich weitgehend unabhängig, und nur ein vom Staat eingesetzter Verwalter sollte dafür sorgen, dass die Tempelwirtschaft zudem den königlichen Interessen diente.[17] Einkünfte zogen die Tempel vor allem aus ihren Ländereien und Werkstätten (vgl. §§ 8, 12, 19).[18]

An den Tempeln fand auch die Ausbildung zum Zweck der Tempel- und Lokalverwaltung statt, die immer noch auf Demotisch ablief. Hier tagten zudem Gerichte, und Schreiber verfassten Urkunden. Die Tempelnotariate hatten damit für die demotischen Dokumente die gleiche Aufgabe wie die staatlichen Funktionsträger (die durchaus Ägypter sein konnten) für griechisch aufgesetzte Verträge. Zudem war es griechischen Untertanen möglich, ägyptische Beurkundungsformen zu wählen, und umgekehrt.[19] Da auf lokaler Ebene also die ägyptischen Eliten staatliche Funktionen übernahmen – ohne sie konnten die Ordnung im Land und die Einnahme von Steuern überhaupt nicht gewährleistet werden – und die Kommunikation mit der ägyptischen Bevölkerung weiterhin auf Ägyptisch stattfand, ist es nicht anders zu erwarten, als dass auf lokaler Ebene staatliche Verwaltungsakten in der einheimischen Sprache abgefasst wurden.[20] So finden sich nach wie vor z. B. demotische Quittungen für die zahlreichen Abgaben, Zwangsdienste (sog. Liturgien) und Steuern.[21] Die interne Tempelverwaltung nutzte ohnehin primär Demotisch.

Der ptolemäische Pharao als Kultherr

Wie in allen antiken Gemeinwesen galt auch in Ägypten, dass Religion und Herrschaft unmittelbar miteinander verwoben waren. Das Zentrum des ägyptischen Staates ebenso wie der ägyptischen Religion, ihre personale Mitte, war der ägyptische Pharao, denn er war sowohl weltlicher Herrscher als auch oberster Priester des Landes.[22] Nachdem Ptolemaios I. schon 305 v. Chr. den Titel eines *basileús* angenommen hatte und seit 304 v. Chr. auch den Titel eines ägyptischen Pharao führte, stellten ihn die Priester in den Tempelszenen als Pharao dar. Und in den demotischen Urkunden datierten die Ägypter von nun an nach dem Pharao Ptolemaios – mit einer anderen Jahreszählung als die griechischen Schreiber, die die Regierungsjahre von der Annahme des griechischen Königstitels an rechneten.

Als Mittler zwischen Göttern und Menschen par excellence kam dem Pharao sowohl die Aufgabe zu, den Menschen eine gute rechtliche Ordnung, ägyptisch »Maat«, zu gewähren als auch den Kult gegenüber den Göttern auszuüben. Im Gegenzug für das Ritual schenkten ihm die Götter vor allem die Stabilität der Herrschaft und durch eine ausreichende Nilflut die Fruchtbarkeit Ägyptens – damit war der Welterhalt gesichert. Jede Ritualhandlung in den Tempeln des Landes war also königliches Handeln. Deshalb ist auf den Tempelreliefs Ägyptens allein der König beim Kult vor den Göttern dargestellt.

Nach der Beschlussbegründung des Dekretes von Rosetta ist Ptolemaios V. genau dem vom kulttheologischen Modell vorgegebenen Handlungsrahmen nachgekommen: Er hat sich um die Kulte des Landes ebenso gekümmert, wie er die rechtliche Ordnung in Ägypten hergestellt hatte. Der Lohn hierfür findet sich zusammengefasst am Ende der Beschlussbegründung (§ 22).

In seiner Eigenschaft als Pharao konnte der ptolemäische König im Tempel das Opfer für die Götter des Landes durchführen. Die Frage ist allerdings, inwieweit der fremde Pharao wirklich als »Priester« tätig war. Er beherrschte schließlich nicht einmal die ägyptische Sprache. Es ist deshalb wenig wahrscheinlich, dass er tatsächlich seinen religiösen Pflichten als Pharao nachkam, schließlich reichte es aus, wenn er auf den ägyptischen Tempelreliefs als Herr des Kultes dargestellt war. Nach ägyptischer Vorstellung bedeutete die Darstellung eines Pharaos beim Opfer, dass dieses Opfer tatsächlich auch stattfand. Normalerweise übten die ägyptischen Priester ihre Funktion für den König aus. Nur zu bestimmten Gelegenheiten dürfte deshalb ein Ptolemäer das Opfer für die ägyptischen Götter tatsächlich im Tempel selbst vollzogen haben oder wenigstens dabei anwesend gewesen sein.

Erläuterungen zu § 1

Die Datierung des Dekretes – umgerechnet in unseren Kalender ist der 27. März 196 v. Chr. gemeint – folgt im Griechischen (**g**) mit Ausnahme der Übersetzung der ägyptischen Königstitulatur den Konventionen offizieller Urkunden des Ptolemäerreichs gemäß dem folgenden festen Formular: »Unter der Herrschaft des Ptolemaios ..., im x. Jahr ..., im Amtsjahr des Priesters des Alexander N. N., der Athlophore N. N., der Kanephore N. N. und der Priesterin der Arsinoe N. N., im Monat y am Tag z.« Das bedeutet, dass nicht nur, wie in Monarchien üblich, die Regierungsjahre des Königs selbst gezählt wurden, sondern parallel dazu, und in griechischer Tradition stehend, auch die Amtsjahre verschiedener Priester, die üblicherweise jährlich wechselten.[23] Es handelt sich erstens um den Priester des Alexander- und Dynastiekultes in Alexandria, denn die Rettergötter sind Ptolemaios I. und Berenike I., die Geschwistergötter Ptolemaios II. und Arsinoe II., die Wohltätergötter Ptolemaios III. und Berenike II. und die Vaterliebenden Götter Ptolemaios IV. und Arsinoe III. (vgl. S. 32).[24] Die Athlophore wiederum war eine Priesterin der Berenike II., die, wie ihre Bezeichnung zu erkennen gibt, einen Siegespreis bei Prozessionen mit sich führte. Die Kanephore war eine für Arsinoe II. installierte Priesterin, die bei Prozessionen einen Goldkorb trug, und das Priesteramt für die dritte Arsinoe war nach deren Tod eingerichtet worden. Alle drei Priesterinnen waren in Alexandria angesiedelt.

Die ägyptischen Versionen **h** und **d** beginnen hingegen nicht mit der Nennung des Königs, sondern setzen nach ägyptischer Tradition an die erste Stelle die Jahres- und Monatsdatierung, die wie in **g** makedonisch und ägyptisch vorgenommen wird. Die doppelte Datumsangabe resultierte aus der Tatsache, dass Ägypter und Makedonen verschiedene Kalender benutzten. Der makedonische Kalender, ein Erbe der herrschenden Dynastie, die ihre Wurzeln in Makedonien hatte, war ein Mondkalender, der ägyptische ein Sonnenkalender mit 365 Tagen. Die Monate beider Kalender konnten daher nicht deckungsgleich zueinander sein, zumal in der makedonischen Praxis immer wieder ein Monat hinzugeschaltet werden musste. Dem makedonischen Datum wird in der Inschrift der Vorrang eingeräumt, dann kommt die Umrechnung in den ägyptischen Monat und den ägyptischen Monatstag. Im traditionellen ägyptischen Kalender, der auch in der griechischsprachigen Verwaltung Ägyptens Anwendung fand, bestand das Jahr, wie gesagt, aus 365 Tagen. Je 30 Tage bildeten einen der zwölf Monate, je vier Monate eine der drei Jahreszeiten. Dazu kamen noch fünf weitere Tage, die mit einem griechischen Ausdruck Epagomenen genannt werden.

In hieroglyphischen und demotischen Texten werden die Monate nach ihrer Stellung in einer der drei Jahreszeiten einfach durchgezählt: 1. Monat der Überschwemmungszeit, 2. Monat der Überschwemmungszeit, …, 1. Monat des Winters, …, 1. Monat des Sommers, …, 4. Monat des Sommers, dann wieder 1. Monat der Überschwemmungszeit. Die Griechen in Ägypten haben dieselben Monate mit je eigenen Namen letztlich ägyptischen Ursprungs bezeichnet, den sie von einem besonderen Fest im jeweiligen Monat bekommen haben: Thoth, Phaophi, Hathyr, Choiak, Tybi, Mecheir, Phamenoth, Pharmuthi, Pachon, Payni, Epeiph, Mesore. Da der ägyptische Kalender um ca. einen Vierteltag zu kurz ist, wurde 238 v. Chr. im Dekret von Kanopos verfügt, es solle alle vier Jahre ein zusätzlicher Epagomenaltag als Schalttag eingeführt werden. Diese Bestimmung ist aber zunächst nicht umgesetzt worden. Erst Augustus hat den geschalteten Kalender, den sog. Alexandrinischen Kalender, in Ägypten durchgesetzt.[25]

Entspricht die Datierungsformel in ihren Bestandteilen grundsätzlich den Formeln, die wir aus der dokumentarischen Überlieferung kennen, so weist sie doch eine Besonderheit auf, die sie von den demotischen und griechischen Urkunden der Ptolemäerzeit unterscheidet. Der König ist nicht nur mit seinem Kultnamen *theós epiphanés* (der »Erscheinende Gott«), sondern auch mit seiner vollständigen ägyptischen Pharaonentitulatur angeführt.[26] Diese hatte sich im Laufe des 3. Jt.s v. Chr. herausgebildet[27] und wurde für Alltagsdokumente natürlich so nicht verwendet, war aber in feierlichen und kultischen Texten bedeutsam, wird doch nicht nur der König genau bezeichnet, sondern vor allem seine Beziehung zu Göttern und Menschen in traditionellen Epitheta zum Ausdruck gebracht.

Die fünf Titel eines ägyptischen Königs sind in ihrer kanonisch gewordenen Reihenfolge aufgeführt: »Horus«, »die Beiden Herrinnen«, »Goldhorus«, »König von Ober- und Unterägypten« und »Sohn des Re«. Da diese Titulatur im Moment der Inthronisation des Königs vergeben wurde, zeigt sich, dass die Priester das Dekret im Anschluss an die bereits vollzogene Krönung des Ptolemaios zum Pharao verfasst hatten (vgl. §§ 2, 17, 28 und 29). Zu jedem dieser Titel kommt ein eigener Name.

Durch die Bezeichnung »Horus« (in **g** fehlt sie) wird der König als lebende Verkörperung des Sohnes von Isis und Osiris verstanden. Für Ptolemaios V. ist passend zur historischen Situation ein Horusname gewählt, der die Jugend des Königs und seinen Herrschaftsantritt thematisiert. Schließlich war Ptolemaios V. noch ein Kind, als er König wurde.

Der Herrinnentitel und -name entspringen dem dualistischen Denken der Ägypter. Die zwei Herrinnen waren im 3. Jt. noch die Kronengöttinnen von Ober- und Unterägypten (vgl. die Beschreibung in § 28), die in der Titulatur genannt werden konnten. Doch im Laufe der Zeit wurde »die Beiden Herrinnen« ein Titel des Königs selbst. Wir behalten die traditionelle Übersetzung der hieroglyphischen Schreibung bei, doch **d** und **g** zeigen, dass man den Titel längst als »Herrn der Uräen (= Kronenschlangen)« deutete. Im Herrinnennamen des Ptolemaios wird der Sieg gegen die Aufständischen verarbeitet: Stärke, Sicherung Ägyptens, gutes Verhältnis zu den Göttern.

Der nächste Titel, der Goldhorustitel, hat sich im Laufe der Jahrtausende besonders stark verändert. Er war auch hieroglyphisch nicht von Anfang an ein Gold*horus*name. Die traditionelle ägyptologische Wiedergabe als »Goldhorus« ist bloße Konvention, die die unterschiedlichen ägyptischen Auffassungen je nach Epoche verdeckt. Ursprünglich handelte es sich wohl um eine Anspielung auf den Himmel,[28] doch in der ptolemäischen Zeit hatte man aus dem Schriftbild  eine ganz andere Bedeutung abgeleitet, wie **d** und **g** zeigen: Der Falke wurde nun als Verkörperung des

Gottes Horus verstanden. Er ist es also, der nach später ägyptischer Auffassung auf der Hieroglyphe für Gold (äg. *nbw*) steht. Dieses Zeichen wurde seinerseits als Schreibung für den Ortsnamen Ombos (äg. *nb.t*) interpretiert. Und der Gott von Ombos, auf dem Horus also triumphierend steht, ist Seth, der u. a. das Beiwort »der von Ombos« führte. Die hier skizzierte neue Interpretation des Titels geben die demotische und griechische Formulierung als »der auf seinen Feinden ist« (**d**) bzw. »Bezwinger der Gegner« (**g**) wieder. Die Überwindung des von Seth und seiner Bande verkörperten Bösen schafft die Voraussetzung für ein glückliches Leben der Menschen und eine stabile, langdauernde Herrschaft des Königs, was der Goldhorusname von Ptolemaios V. zum Ausdruck bringt. Das wird explizit auch durch das Epitheton »Herr des Jubiläumsfestes« (**h**) aufgenommen. Unter diesem Fest ist das sog. Sedfest zu verstehen, das ein ägyptischer König typischerweise erstmals nach 30 Regierungsjahren zur Bekräftigung seiner Herrschaft feierte.

Der Titel »König von Ober- und Unterägypten« (so die späte ägyptische Eigeninterpretation, der die Ägyptologen mit ihrer traditionellen deutschen Übersetzung der hieroglyphischen Schreibung folgen) ist der Titel, der den König als Herrscher über die beiden Landesteile versteht. Der zugehörige Name wird daher in der Ägyptologie auch als Thronname bezeichnet. Er wird in einer Kartusche geschrieben, einer um ihn gelegten schützenden Rahmung. Der Thronname von Ptolemaios V. betont seine dynastische Abkunft, göttliche Erwählung und die enge Verbindung zur Götterwelt.

Der fünfte Königstitel ist »Sohn des Re (= der Sonnengott, der demotisch Phre heißt und den die Griechen Helios nannten)«. Diese Bezeichnung entwickelte sich erst allmählich zu einem obligatorischen Titel vor dem Geburtsnamen des Königs. Das ist der Name, den das Königskind seit seiner Geburt trägt und den wir heute normalerweise als einzigen Namen eines ägyptischen Königs verwenden. Wie der Thronname wird auch der Geburtsname von einer Kartusche eingeschlossen, in die noch zusätzliche Epitheta, die der König eventuell bekam, aufgenommen werden konnten. Im Falle von Ptolemaios V. wird das ewige Leben und das Verhältnis zu Ptah (die Griechen bezeichneten ihn als Hephaistos), dem Gott des traditionellen Krönungsortes[29] Memphis, mit in die Kartusche genommen. Danach folgt in den ägyptischen Fassungen der Kulttitel des Erscheinenden Gottes. Alle ptolemäischen Herrscher hatten einen solchen Titel, der den König bzw. das Herrscherpaar als Götter mit einer bestimmten Eigenschaft charakterisierte und unter dem sie im griechischen Dynastiekult verehrt wurden (s. S. 32). Bei Ptolemaios V. war es das Erscheinen, seine die Menschen rettende Epiphanie. Die Herkunft des Titels aus dem griechischen Kult zeigt sich auch daran, dass Ptolemaios ihn bereits vor seiner ägyptischen Inthronisation, spätestens seit 199/198 v. Chr., seinem siebten Regierungsjahr, führte.[30]

Abgeschlossen wird der Teil zur Bezeichnung des Königs, nach dem datiert wird, durch die Nennung seiner Eltern Ptolemaios IV. und Arsinoe III., der Vaterliebenden Götter. Nur die ägyptischen Versionen haben die Filiationsangabe.

In diesem als Präskript fungierenden Abschnitt werden nach der gut ägyptischen Bezugnahme auf den in der Datierung genannten Tag und der ägyptischen Selbstbezeichnung des Textes als Beschluss (oder »Befehl«) das beschlussfassende Gremium, der Synodenort und der Anlass genannt.

An erster Stelle steht also die hierarchisch absteigend geordnete Auflistung der Priester, die sich versammelt haben. Wir stellen in der folgenden Diskussion die Übersetzungen der hieroglyphischen, demotischen und griechischen Fassungen nebeneinander:[31]

- »Vorsteher der Heiligtümer« = »Lesonisbeamte« = »Oberpriester«: Sie waren vor allem auch für das Managen des Tempelbesitzes und der Tempeleinkünfte zuständig.
- »Gottesdiener« = »Gottesdiener« = »Propheten«: Das sind die Priester, die den täglichen Kult ausübten sowie direkt mit dem Gottesbild zusammenkamen und die ihrerseits in verschiedene Gruppen unterteilt waren. So gab es den Ersten bis Vierten und seit 238 v. Chr. auch den Fünften Propheten. Sie waren jeweils einer der vier bzw. fünf sog. Phylen zugeordnet, den Priestergruppen, die sich ursprünglich im Dienst abwechselten, später aber spezielle Aufgaben und Ämter übernahmen.[32]
- »Hüter des Geheimnisses, die Gottesreiniger, die zum Allerheiligsten eintreten (dürfen), die die Götter mit ihren Stoffen bekleiden« = »Priester, die zum Allerheiligsten gehen (dürfen), um Bekleidung(srituale) für die Götter durchzuführen« = »die, die ins Allerheiligste zur Be-

kleidung der Götter hineingehen«: Dabei handelt es sich, wie die unterschiedlich ausführlichen Umschreibungen deutlich machen, um die Priester, die im täglichen Tempelritual die Götterbilder im Allerheiligsten ankleideten, sicher auch reinigten und salbten und daher berühren durften.

– »Schreiber des Gottesbuches« = »Gottesbuchschreiber« = »Federträger«: Das waren diejenigen, die Hieroglyphen und die hieratische Kursivschrift, eben die »Schrift des Gottesbuches« (vgl. § 33 »Schrift der Gottesworte«), beherrschten und die Rituale rezitieren konnten. In anderen Synodaldekreten erscheinen sie in der hieroglyphischen Fassung als »Oberste Vorlesepriester«.[33] Zu ihrer Amtstracht gehörten in der Spätzeit zwei hohe Federn, die links und rechts an ihrem Kopf angebracht waren, was ihren griechischen Titel erklärt.
– »Kollegium des Lebenshauses« = »Lebenshausschreiber« = »Schreiber der heiligen Schriften«: Auch sie gehörten zu den Schriftkundigen; sie schrieben etwa die überlieferten Rituale ab und redigierten sie neu oder verfassten sie überhaupt erst. Diese Schreiber waren dem »Lebenshaus«, dem Tempelskriptorium, zugeordnet. Dabei ist »Lebenshaus« eine konventionelle ägyptologische Übersetzung, die von dem Gedanken ausgeht, dass die Arbeit im Skriptorium eben der rituellen Aufrechterhaltung der Weltordnung und damit des Lebens überhaupt diente.
– »die anderen Priester« = »die anderen Priester« = »alle anderen Priester«: Der Ausdruck entspricht fast einem »usw.«, macht aber deutlich, dass auch die sonstigen Synodalteilnehmer Priester waren und nicht etwa reines Verwaltungspersonal der Tempel, die man sich ja durch-

aus auch als komplexe Wirtschaftsunternehmen vorzustellen hat.

Der Text spezifiziert nicht, aus welchen Tempeln Priester kamen und aus welchen nicht. Es wird der Eindruck vermittelt, aus dem ganzen Land seien die Synodalen zusammengeströmt. Aber Teile Oberägyptens waren noch in der Hand der Aufständischen, so dass faktisch nicht alle Priester gekommen sein können, zumal auch aus den anderen Tempeln lediglich Delegationen angereist sein werden.

Die genannten Priester kamen also anlässlich des Tages, an dem Ptolemaios V. die Königsherrschaft übernahm, nach Memphis und versammelten sich im Tempel der Stadt. Da Memphis mehr als *ein* Heiligtum hatte, muss doch wohl der Haupttempel, das Heiligtum des Ptah, gemeint sein.

Erläuterungen zu § 3

Noch einmal bezeichnen die Priester den König als Erbe seiner göttlichen Eltern, dann bescheinigen sie ihm, dass er generell und umfassend für Ägypten, speziell seine Tempel, gesorgt habe. Dabei wird zwischen den Tempeln und ihrem Personal (in **d** ist es ausgelassen) und den übrigen Menschen differenziert. Die königlichen Wohltaten sind materieller Art: Geld und Getreide. Über die konkreten Zahlen macht der Text keine Angaben. Der König erscheint in **g** durch die Verwendung des Terminus technicus der Wohltätigkeit, seiner Euergesie (gr. *euergesía*), als Verkörperung des hellenistischen Herrscherideals.

Ptolemaios wird zudem ausdrücklich als göttlicher Spross göttlicher Eltern bezeichnet, der dem seinen Vater schützenden (vgl. auch § 16) Horus, dem Sohn der Isis und des Osiris, gleicht. Die Betonung dieser theologischen Rolle hebt noch einmal die Tatsache hervor, dass Ptolemaios V. aus ägyptischer Perspektive der ideale Sohn ist, der im Sinne seines Vaters handelt und die Kontinuität der Herrschaft sicherstellt. Wir sehen des Weiteren, dass Ptolemaios als Gott bezeichnet ist, der sich gleichzeitig aber durch Frömmigkeit gegenüber den Göttern auszeichnet.

Alle Ptolemaios V. zugesprochenen Verdienste, sein militärischer Sieg über die Rebellen, die Steuernachlässe usw. waren natürlich in Wirklichkeit Maßnahmen der Vormünder des Kindkönigs.

Erläuterungen zu § 4

Das Militär, ohne das Alexandria die innerägyptischen Revolten nicht so weit hätte unter Kontrolle bringen können, dass Ptolemaios V. überhaupt an die Macht kam, hat natürlich eigene Geschenke verdient. Das Ägyptische bietet hier gleichzeitig eine Konkretisierung für die griechische Wendung der Menschenfreundlichkeit, der Philanthropie.

Erläuterungen zu § 5

Steuernachlässe betreffen sowohl die Soldaten als auch die anderen Bewohner Ägyptens. Erneut werden keine exakten Zahlen angegeben. Das Rosettadekret ist kein Erlass des Königs, in dem Steuerfragen behandelt würden, sondern eine preisende Reaktion auf einen solchen Erlass, in dem Betreffendes detailliert geregelt worden ist. Das große Amnestiedekret[34] Ptolemaios' V. nach den Aufständen erklärt aber, weshalb die Steuernachlässe nötig waren: Die Menschen konnten aufgrund der Verwüstungen in den Aufstandsgebieten überhaupt keine Steuern mehr entrichten, und ihnen musste es nun ermöglicht werden, wirtschaftlich wieder auf eigenen Beinen zu stehen. Ziel des Königs war es, dass die brachliegenden Felder wieder bebaut werden und in Zukunft Steuern gezahlt werden konnten. Gerade diese, wie auch einige der folgenden Verfügungen des Königs, dürften dem Wortlaut nach in einem königlichen Edikt, *próstagma* genannt, gestanden haben.[35]

Erläuterungen zu § 6

Zum Zeitpunkt der Priestersynode 196 v. Chr. lag der Ausbruch der ägyptischen Erhebungen schon zehn Jahre zurück. In dieser Zeit, in der verschiedene Landesteile der Kontrolle der Regierung in Alexandria entglitten waren, konnte selbstverständlich an eine reguläre Besteuerung ganz Ägyptens nicht gedacht werden. Jetzt auf die Nachzahlungen zu verzichten war nicht mehr, als sich in das Unvermeidliche zu fügen, und korreliert mit der zuvor genannten Steuerreduktion.

Die Formel in **h**, man kenne die Zahl nicht, darf nicht so verstanden werden, dass die Verwaltung nicht gewusst hätte, welche Steuerschulden aufgelaufen waren; es handelt sich schlicht um eine traditionelle Phrase zum Ausdruck einer sehr hohen Zahl.

Erläuterungen zu § 7

Sowohl in Ägypten[36] als auch in der griechischen Welt[37] kam es vor, dass Herrscher Gefangene freiließen. Speziell der Thronbesteigungstag bzw. sein Jahrestag[38] scheinen im späten Ägypten dafür beliebt gewesen zu sein. Man darf nicht vergessen, dass 196 v. Chr. der Aufstand in Oberägypten noch nicht beendet war, so dass eine Amnestie vermutlich auch als Signal an die innenpolitischen Gegner gedacht war, sich der ptolemäischen Herrschaft wieder zu fügen. Zudem sollte die Bevölkerung zur Rückkehr in ihre Wohnsitze und damit auch zur Wiederaufnahme der landwirtschaftlichen Tätigkeiten bewegt werden.[39]

Erläuterungen zu § 8

Die ägyptischen Tempel bezogen ihre Einkünfte teils aus staatlichen Zuwendungen in Form von Geld und Getreide, der sog. *sýntaxis*, teils aus ihren eigenen Ländereien wie Weingärten, Getreidefeldern, (Obst-)Gärten und anderem Grundbesitz. Die *apómoira* war eine Sonderabgabe – der sechste Teil von Weinland, der zehnte Teil von Gartenland – für den Kult der vergöttlichten Königin Arsinoe II., die den Tempeln seit der Zeit des zweiten Ptolemäers, seit 263 v. Chr., zustand.[40] Die *sýntaxis* ist hier im Rosettadekret erstmals erwähnt. Die Krone hatte sie den Tempeln als Ersatz für diejenigen Einkünfte zugewiesen, die Erstere bis etwa 222 v. Chr. aus ihren Ländereien erzielt hatten und die nun direkt an den Staat abzuführen waren.[41] Solche und ähnliche Eingriffe des Staates in bisherige wirtschaftliche Privilegien der Tempel[42] hatten sicherlich mit eine Rolle gespielt, dass es zu den Aufständen gekommen war, und mit der *sýntaxis* versuchte der Staat nun, diese Eingriffe zu kompensieren.

Wenn festgehalten wird, dass die Einkünfte und der Besitz der Tempel so sein sollen wie unter Ptolemaios IV., wobei freilich nicht spezifiziert wird, wann genau unter ihm, so trägt diese Bestimmung der Tatsache Rechnung, dass es während des Bürgerkriegs zur Abzweigung von Tempelsubsidien gekommen sein dürfte, die nun rückgängig gemacht wurde.

Die demotische Version des Dekretes hat keine Probleme damit, den griechischen Fachterminus *sýntaxis* zu übernehmen: Er kommt auch sonst in demotischen dokumentarischen Texten vor.[43]

Erläuterungen zu § 9

Auch wenn die ägyptischen Tempel Zuwendungen von staatlicher Seite erhielten, mussten die Priester selbst doch auch eine Priestersteuer zahlen. Die griechisch *eis tó telestikón* genannte Abgabe musste vermutlich entrichten, wer eine Priesterstelle ersteigerte.[44] Problematisch ist an dieser Stelle in der Übersetzung die Festlegung auf den Zeitpunkt: Handelt es sich um das erste Jahr Ptolemaios' IV. oder um das erste Jahr des aktuellen Königs? Der demotische Text spricht für Letzteres, da in einer Datierung die Präposition *i.ir-ḥr* zwischen Jahreszahl und Herrscher nichts zu suchen hat. Man muss also das »unter seinem Vater« als Apposition zu »bis Jahr 1 (nämlich des fünften Ptolemäers)« verstehen,[45] wozu auch passt, dass sich alle anderen Jahresangaben des Rosettadekretes auf Ptolemaios V. beziehen. Während sich **g** durchaus in derselben Weise wie **d** auffassen ließe, hat **h** die Vorlage anders interpretiert, indem das Jahr genitivisch mit der Nennung des Vaters verbunden wird.[46] Die Antrittsgebühr zur Übernahme eines Priesteramtes wird hier nach unserem Verständnis folglich auf die Höhe zurückgesetzt, die sie bis zum letzten Regierungsjahr Ptolemaios' IV. hatte, das dann das erste Jahr des fünften Ptolemäers war.

Erläuterungen zu § 10

Bereits im Priesterdekret des Jahres 243 v. Chr. ist zu erfahren, dass die Priester jährlich zwischen dem 5. und 25. des Monats Dios, also zwischen dem Geburtstag und dem Tag der Herrschaftsübernahme Ptolemaios' III. zu Feierlichkeiten nach Alexandria kommen mussten.[47] Es scheint so, dass Ähnliches auch unter Ptolemaios V. galt und als üblicher Treffpunkt dieser Versammlungen, da sie »beim König« stattfanden, sowohl Alexandria als auch andere Orte wie eben Kanopos und häufiger Memphis möglich waren.

Hier ist nun explizit festgehalten, dass Alexandria nicht mehr der »jährliche« Treffpunkt zu sein hatte, und vielleicht war es so, dass nun die Priester nicht mehr jährlich, sondern nach einem freieren Turnus, der z. B. aus Notwendigkeiten und nicht einem starren Prinzip resultierte, zusammentreffen konnten.

Erläuterungen zu § 11

Die ägyptischen Fassungen verwenden den anschaulichen Terminus »fangen« für die Einziehung von Ruderern. Offenbar konnten Priester zu einem sog. liturgischen Dienst auf Schiffen im Rahmen der staatlichen Nilschifffahrt zwangsverpflichtet werden. Zwar nehmen **h** und **d** keine Spezifizierung vor, welche Personen genau gemeint sind, doch bezieht sich **g** mit »ihre Einziehung« explizit auf die in § 10 genannten Priester zurück. Somit ist klar, dass tatsächlich Tempelbedienstete gemeint sind und nicht etwa alle Ägypter von dieser Dienstpflicht für den Staat befreit wurden.[48]

Erläuterungen zu § 12

Die Produktion von Stoffen war wie so vieles ein Teil der staatlich gelenkten ägyptischen Wirtschaft, sie war ein königliches Monopol. Es durfte nicht jeder z.B. Geräte zur Herstellung von Stoffen besitzen oder beliebig Textilien produzieren. Man benötigte dazu eine staatliche Konzession, die selbstverständlich etwas kostete. Im Falle der feinen Leinenstoffe – die Griechen nannten sie »Byssos« – lag die Produktionsberechtigung bei den Tempelmanufakturen, die deshalb einen Teil ihrer Produktion an den Fiskus – in den ägyptischen Fassungen **h** und **d** sehr konkret als »Palast« bezeichnet – abliefern mussten.[49] Ptolemaios V. reduzierte nun die Abgabenlast ganz erheblich auf ein Drittel des bisher Üblichen. Damit konnten die Tempel ihre Gewinnspanne bei der Byssosproduktion erhöhen. Es handelt sich mit Blick auf die wirtschaftliche Eigenständigkeit der Tempel um eine wichtige Bestimmung des Königs, die dabei half, Verluste an Abgaben, die die Tempel bisher aus ihren Ländereien gezogen hatten, auszugleichen (vgl. § 8).

Erläuterungen zu § 13

In diesem Abschnitt geht es recht allgemein um die Wiederherstellung der Ordnung im Lande. Differenziert wird zwischen dem, was die Götter betrifft, und dem, was sich auf die Menschen in Ägypten bezieht. Der König hatte also Kult und Recht wiederhergestellt. Das sind nach ägyptischer Auffassung neben dem militärischen Schutz des Landes (vgl. § 15) die wichtigsten Aufgaben des Pharaos, die ein alter kulttheologischer Traktat wie folgt zusammenfasst: »Re hat den König eingesetzt auf der Erde der Lebenden für immer und ewig beim Rechtsprechen der (= für die) Menschen, beim Befrieden der Götter, beim Entstehenlassen der Maat (= rechte Weltordnung), beim Vernichten der Isfet (= Gegenteil von Maat). Er (= der König) gibt Gottesopfer den Göttern und Totenopfer den Verklärten.«[50]

Im vorliegenden Fall vergleichen die Priester Ptolemaios zudem ausdrücklich mit Thot, denn dieser war als Gott des Schreibens, Rechnens und Wissens auch für das Recht zuständig. Griechisch wurde er traditionell mit Hermes gleichgesetzt.

Erläuterungen zu § 14

Hier ist zu erfahren, was auf königlichen Beschluss mit dem Besitz derer passieren soll, die sich während des Bürgerkrieges den Aufständischen angeschlossen und ihren Besitz verlassen haben, nun aber wieder heimkehren: Der Besitz soll ihnen weiterhin bzw. wieder gehören. Tatsächlich ist ein entsprechender späterer Erlass papyrologisch überliefert. Es handelt sich um das Indulgenzdekret vom 9. Oktober 186 v. Chr. Darin legt Ptolemaios gleichzeitig aber fest, dass diejenigen von der Amnestie ausgenommen sind, »die einen vorsätzlichen [Mord] begangen oder aus [Tempeln], anderen [Heiligtümern] oder Tempelspeichern geraubt haben«.[51]

Erläuterungen zu § 15

Die dritte große Aufgabe eines jeden ägyptischen Königs neben der Sorge für Kult und Recht im eigenen Land (vgl. § 13) besteht im Schutz Ägyptens vor äußeren Feinden. In sehr allgemeinen Worten werden sowohl die Truppengattungen, die Angriffswege zu Wasser und zu Lande, der geleistete Aufwand und das Ziel der Maßnahmen angegeben. Namen fallen keine, wie überhaupt im ganzen Rosettadekret kein Gegner namentlich genannt wird. Jenseits aller Topik wird allerdings sehr wohl ein konkreter historischer Anlass hinter den Aussagen gestanden haben, haben die Priester ihren Beschluss doch in der Schlussphase des Fünften Syrischen Krieges (202–195 v. Chr.) gegen den Seleukidenkönig Antiochos III. verfasst. Zu den Ereignissen während des Krieges gehörten etwa Offensiven Antiochos' und ptolemäische Gegenoffensiven in Palästina und Kleinasien sowie makedonische Operationen gegen das Ptolemäerreich in der Ägäis. Rom, die neue Ordnungsmacht im Mittelmeerraum, forderte die Unantastbarkeit der ptolemäischen Besitzungen, beschränkte sich aber zunächst auf diplomatische Initiativen, ehe es gegen Philipp V. von Makedonien in den Krieg, den sog. Zweiten Makedonischen Krieg, zog und 197 v. Chr., demselben Jahr, in dem die Synode, die zum Rosettadekret führte, begann, bei Kynoskephalai siegte.[52] Dass die ptolemäischen Militärausgaben in den Jahren vor dem Dekret von Rosetta hoch waren, ist somit plausibel.

Der zeitgenössische Leser des Textes wird aber gleichzeitig gewusst haben, dass dem jungen Ptolemaios bzw. korrekter dem Kronrat zwar der Schutz des Stammlandes Ägypten selbst gelungen, gleichzeitig aber 198 v. Chr. Koilesyrien (in etwa das heutige südliche Syrien, der Libanon und Israel) an Antiochos III. verloren gegangen war. Zudem war der Bestand der Ptolemäerherrschaft nun an römische Protektion geknüpft.

Sehr anschaulich bringt das eine römische Münze zum Ausdruck, auf deren Vorderseite das personifizierte Alexandria dargestellt ist und deren Rückseite den römischen Gesandten M. Aemilius Lepidus zeigt, der dem sein Zepter haltenden Ptolemaios das Diadem auf den Kopf setzt: Treffend heißt es neben dem König über Lepidus: *tutor reg(is)* »Schützer des Königs«. In der Realität waren es also nicht die Götter Ägyptens, die den König schützten, sondern die Römer.

Da es den Priestern aber ausschließlich um Ägypten geht, spielt all das für sie keine Rolle und wäre mit Sicher-

Abb. 6 Römischer Denar, geprägt 61 v. Chr. Die Münze erinnert an eine römische Gesandtschaft des Jahres 201/200 v. Chr. nach Alexandria. Die Vorderseite zeigt die Personifikation Alexandrias, die Rückseite den römischen Gesandten Lepidus, der dem zu seiner Rechten stehenden Ptolemaios V. ein Diadem auf den Kopf setzt. Laut Beischrift ist der Römer »Schützer des Königs«.

heit auch nicht erwähnt worden. Schließlich hätte die militärische Niederlage den König als unfähig erscheinen lassen, wo doch keine Generation zuvor dieselben Priester seinen Vater im Dekret von Raphia 217 v. Chr. für die glorreiche Rückeroberung Koilesyriens gepriesen hatten.

Erläuterungen zu § 16

Aus der griechischen Außenperspektive war es so, dass über die Zeit der Aufstände in Ägypten »von der gegenseitigen Grausamkeit und Ruchlosigkeit abgesehen, weder von einer Land- noch von einer Seeschlacht, noch von einer

Belagerung, noch von sonst irgendeinem denkwürdigen Ereignis zu berichten ist«.[53] Doch ist dies die Ansicht eines griechischen Historikers. Die Innenperspektive war natürlich vollkommen anders; dort mussten, um den König als siegreichen Bezwinger der Feinde darstellen zu können, auch kleinere Siege, wie eben der über die Rebellen von Lykonpolis, als grandiose Leistungen präsentiert werden.

Zur Lage von Lykonpolis weiß man kaum mehr als das, was der Rosettatext erwähnt. Demnach lag die Stadt im Gau von Busiris und damit im zentralen Delta. Rebellen hatten sie zu einem wichtigen militärischen Stützpunkt ihres Aufstandes in Unterägypten ausgebaut und mit Waffen und Vorräten versorgt. Aus königsideologischer Perspektive war es den Priestern wichtig, dass es nicht die Bevölkerung der Stadt selbst war, die sich gegen den König erhoben hatte, sondern dass die Rebellen in Lykonpolis »eingedrungen« waren (so explizit nur in **g**). Einmal mehr findet sich hier das Bemühen, herauszustellen, dass die Aufständischen keine Ägypter waren, sondern Gottesfeinde (die per definitionem natürlich keine Ägypter sein konnten).

Ptolemaios schloss die Stadt mit Wällen ein. Das war auch in Ägypten ein bei einer Belagerung übliches Verfahren.[54] Zusätzlich aber dämmten die Belagerer die Flussläufe und Kanäle, die Wasser nach Lykonpolis führten, ab, um zu verhindern, dass die Nilflut die Stadt erreichte. Das geschah den Angaben im Text zufolge im achten Regierungsjahr des Königs (= 12. Oktober 198 – 10. Oktober 197 v. Chr.), also im Jahr vor dem Rosettadekret. Da die Nilflut etwa Anfang Juli im Delta ankommt (das Maximum ist dann in der ersten Septemberhälfte),[55] ergibt sich ein ungefährer zeitlicher Anhaltspunkt. Die Abdämmung von Lykonpolis müsste in der ersten Jahreshälfte abgeschlossen gewesen sein, spätestens im Juni 197 v. Chr. Eine solche Maßnahme scheint uns technisch nicht unmöglich, da in normalen Jahren das Delta nur etwa 1,5 m hoch von der Nilflut bedeckt wird.[56] Eine im achten Jahr Ptolemaios' V. ungewöhnlich hohe Flut mag vielleicht 2 m oder 2,5 m erreicht haben.[57]

Der Zweck der Trockenlegung von Lykonpolis ist im Text nicht ausdrücklich angeführt. Es wird weniger darum gegangen sein, die Rebellen in der Stadt verdursten zu lassen, da der hohe Grundwasserspiegel im Delta zumal zur Zeit der Nilschwemme immer noch genug Wasser zum Überleben bereithält. Vielmehr scheint es unserer Ansicht nach die Absicht gewesen zu sein, den ptolemäischen Truppen einen Angriff gegen die Stadt zu ermöglichen, indem das Land um die Stadt herum trocken blieb. Am Ende konnte die Armee des Ptolemaios die Stadt jedenfalls erstürmen und die Rebellen töten; nur die Anführer wurden gefangen genommen.

Die Priester setzen den Sieg des Königs in typisch ägyptischer Weise in Parallele zu einem mythologischen Ereignis. Am selben Ort sollen schon die Götter Schu (**h**) bzw. Phre (demot. Form des Namens des Sonnengottes Re) bzw. Hermes (**g**) sowie Horus, der Sohn von Isis und Osiris, ihre Feinde besiegt haben. In der ägyptischen Religion spielte die Überwindung besonders der Sonnenfeinde, die den Lauf der Welt bedrohen, eine große Rolle und bot zugleich die Möglichkeit, lokale Kultgegebenheiten und Mythen in ein übergreifendes Konzept einzubetten und an dieses anzuschließen.[58] Zugleich brachte man das mythologische Geschehen mit bestimmten Orten in Verbindung.

Über Lykonpolis und seine Theologie ist ansonsten fast nichts bekannt, das es erlauben würde, speziell die im Rosettatext vorgenommene Parallelisierung mit den Taten des Ptolemaios eingehender zu würdigen. Schu, der Sohn des Re, ist hier vermutlich im Zusammenhang mit dem Mythos von der Rückkehr des wütenden Sonnenauges von Nubien nach Ägypten zu sehen, bei der auch Thot maßgeblich geholfen hat.[59] Üblicherweise nutzt der Übersetzer im Text sog. griechische Interpretationen ägyptischer Götter (vgl. § 1). Hier etwa wird Schu durch den griechischen Hermes ersetzt. In **d** ist hingegen einfach die Rede vom Sonnengott Phre. Die Götter, die ihm geholfen haben, nämlich Schu und Thot (= Hermes), die in den anderen Versionen genannt werden, bleiben in **d** unerwähnt. Schu, Re und Thot bilden im Mythos vom Sonnenauge eine feste Konstellation, was die Unterschiede in den drei Textversionen erklären mag, denn in der Summe aller Fassungen werden die drei Götter angeführt.

Horus wiederum steht siegreich im Kampf gegen Seth, der Osiris getötet hat.[60] Interessanterweise können die Götter Schu und Horus sogar miteinander verbunden werden, so dass sich Schu etwa in Horus verwandelt; dabei steht der Aspekt des siegreich die Feinde überwindenden Kriegers im Zentrum.[61] Eine andere Version des Mythos lässt Schu das Horusauge bei Seth finden.[62] Auch hier geht es natürlich um die Wiederherstellung der Ordnung und den Sieg über das Böse.

Wann genau die Militäraktion gegen Lykonpolis zu Ende gebracht werden konnte, sagt der Text, der lediglich von einer schnellen Eroberung spricht, nicht. Aber es ist klar, dass der Sieg *vor* der Einladung zur Synode erfolgt sein muss.

Die Hinrichtung der Rädelsführer der Erhebung fand im März 196 v. Chr., also erst einige Zeit nach der Eroberung von Lykonpolis statt (vgl. § 16), weil die Bestrafung anlässlich der Inthronisation oder Krönung des Ptolemaios eine wichtige Funktion zu erfüllen hatte: Symbolisch und tatsächlich sollte der Horussieg des Ptolemaios vollzogen und damit seine Befähigung als Nachfolger des Vaters auf dem Thron Ägyptens erwiesen werden. Die Götterfeinde, die seinem Vater Ptolemaios IV. (= Osiris) bereits Schaden zugefügt hatten, konnten nun endlich ihrer Bestrafung durch Ptolemaios V. (= Horus) zugeführt werden.

In der ägyptischen Fassung wird kurz erwähnt, dass die Götter dem König den Sieg über die Rebellenführer, die ihren Aufstand schon unter Ptolemaios IV. begonnen hatten, verliehen haben. Hiermit wird noch einmal das wechselseitige Verhältnis von König und Göttern angesprochen: Der König sorgt für die Götter, diese wiederum gewähren ihm Stärke und Sieg und dem Land Wohlergehen. Abermals zeigt sich, dass es den Priestern darum ging, die Ethnizität der »Feinde« zu verschweigen, weil es eben Gottesfeinde waren, die den Weg des Königs verlassen haben.

Entweder ist mit der Hinrichtung tatsächlich eine Pfählung gemeint, in dem Sinne, dass der Delinquent mit einem Pfahl durchbohrt wurde. Wie man sich das vorzustellen hat, macht die Hieroglyphe  in der Schreibung desselben Ausdrucks »auf das Holz geben« = »pfählen« in einem älteren Text deutlich.[63] Oder aber man wählte eine ebenso grausame Art des »Ans-Holz-Gebens«, bei der der Delinquent zum langsamen Tod durch Verdursten und

Entkräftung bzw. Kreislaufkollaps an einem Holzpfahl fixiert wurde, die Kreuzigung. In **g** hingegen steht nur, dass der König die Aufrührer, »wie es üblich« ist, bestrafte.

Erläuterungen zu § 18

Hatte der bisherige Dekrettext ausschließlich Leistungen des Ptolemaios zusammengefasst, die er vor seiner Krönung zum Pharao vollbracht hatte, so folgen nun Vergünstigungen, die als Maßnahmen anlässlich der Krönung zu verstehen sind und deshalb ausschließlich finanzielle bzw. wirtschaftliche Vorteile für die Tempel bedeuten (§§ 18–21). Ähnlich wie in § 6 geht es deshalb erneut um den Erlass von Steuern, die während der Bürgerkriegsjahre eigentlich an den Staat hätten gezahlt werden müssen, und zwar diesmal nicht von den Untertanen, sondern von den Tempeln. Der Grund ist natürlich derselbe wie in § 6: Die Steuern waren nicht gezahlt worden, konnten jetzt aber auch nicht mehr eingetrieben werden. Also verzichtete die Krone besser auf sie, was die Priester als königliche Wohltat deklarieren. Zwischen den ägyptischen und der griechischen Fassung besteht ein bemerkenswerter Unterschied: Erstere, **h** und **d**, haben »bis Jahr 9«, während **g** »bis zu (seinem) achten Jahr« bietet. Die ägyptischen Texte rechnen also exklusiv, der griechische inklusiv. Es wird dann noch spezifiziert, dass sich der Erlass auf Geld, Getreide und Byssosstoffe bezieht.

Das Land, um das es hier geht und das in diesem Abschnitt »Feld der Götter« (**h**), »Felder des Gottesopfers« (**d**) bzw. »heiliges Land« (**g**) genannt wird, war eine eigene, primär steuerrechtliche Kategorie neben anderen und nicht automatisch ausschließlich im Besitz der Tempel.[64] Die den Tempeln gehörenden Ländereien konnten von erheblicher Größe sein. Der Horustempel von Edfu z. B. verfügte wohl über 34 000 Aruren (rund 94 km^2).[65] Dieses Land wurde z. B. verpachtet oder befand sich sogar in Privatbesitz. Die Einkünfte dienten dazu, Ausgaben der Tempel zu finanzieren. Der Staat verdiente in Form der hier angesprochenen Grundsteuer mit: Pro Arure (ca. 2750 m^2) Ackerfläche war eine Artabe (hier ca. 25 l, in **h** umgerechnet in 5 alte Scheffel zu je 5 l) Weizen abzuliefern, pro Arure Weingarten ein Keramion (vielleicht ca. 24,2 l[66]) Wein.

Man muss dabei im Auge behalten, dass es sich nicht um variable Abgaben handelte, die von der Ernte erhoben wurden, sondern um fixe flächenbezogene Zahlungen – unabhängig davon, ob die Ernte gut oder schlecht ausfiel. Für den Fiskus war dieses Verfahren höchst vorteilhaft und bot Planungssicherheit. 1 Artabe pro Arure war nämlich die normale Menge an Saatgetreide, die man im nächsten Jahr zur Bestellung des Feldes wieder brauchte und die ca. 10–12 oder sogar 20–40 Artaben Ertrag versprach. Diese 1 Artabe war freilich nur eine Art unter den Abgaben. Es gab auch ertragsabhängige, die je nach Güte des Landes gestaffelt sein konnten. Alle Abgaben zusammen summierten sich beim Weizen je nach Ertrag auf 40–60 %![67]

Die heiligen Tiere und der Tier»kult« sind ohne Frage ein sehr charakteristisches Phänomen der ägyptischen Religion. Es war besonders mit dem König verbunden,[68] dessen Aufgabe es war, für die heiligen Tiere, ihre Bestattung, ihre Feste und überhaupt für ihren Kult sowie die adäquaten Bauten zu sorgen. Dass Ptolemaios V. als idealer Pharao auch dieser Aufgabe vorbildlich entsprochen hat, ist selbstverständlich. Die Formelhaftigkeit der Wendung, auch die Angabe, dass Ptolemaios mehr geleistet habe als alle anderen vor ihm, entspricht dem Duktus von Lobpreisungen eines Pharaos. Schon im ersten überlieferten Priesterdekret von 243 v. Chr. findet sich eine ganz ähnliche Formulierung.[69] Sie folgt aber auch aus dem traditionellen ägyptischen Denkmuster von der sog. »Erweiterung des Bestehenden«, die jeder Pharao von sich konstatierte.[70]

Unter den heiligen Tieren werden der Apisstier und der Mnevisstier hervorgehoben. Der Apis war das heilige Tier des Gottes Ptah in Memphis und wurde während der Ptolemäerzeit in riesigen Steinsarkophagen in den unterirdischen Galerien des sog. Serapeum von Memphis bestattet.[71] Mnevis war dagegen das Tier des Sonnengottes in Heliopolis,[72] in dessen Nähe auch die Nekropole der Mnevisstiere lag.

Nur in **h** wird am Ende des Abschnittes das »Erscheinenlassen« eines Apisstieres[73] in einer Prozession erwähnt. Das Ziel des Umzuges ist ein zuvor errichtetes »Einführungshaus« (**h**) bzw. ein »Sitz des Apis« (**d**) bzw. ein »Apieion« (**g**). Das impliziert in diesem Fall wohl, dass die Bauarbeiten abgeschlossen wurden.

Erläuterungen zu § 21

In diesem letzten Abschnitt, in dem die Wohltaten des Königs behandelt werden, geht es um die Erneuerung der Tempel und Altäre für die Götter. »Vollenden« und »erneuern« waren für die Ägypter zentrale Begriffe im Zusammenhang mit dem, was ein König für die Götter tat. Während die Vollendung auf den Abschluss einer Handlung zielte, der aber aufgrund des zyklisch gedachten Weltbildes nie endgültig sein konnte, bringt das Erneuern die Wiederkehr eines Geschehens zum Ausdruck. Für den Ägypter war daher eine erneute Vollendung kein Widerspruch.

Eine Erneuerung konnte die Wiederherstellung, Erweiterung, Vollendung (im ägyptischen Sinn), aber auch die Wiederverwendung – wir würden diesen Vorgang eher Usurpierung nennen – von Gebäuden, Statuen, Opferstiftungen usw. sein. Wie schon in § 3 erscheint Ptolemaios hier als ein wohltätiger Gott gegenüber den Göttern.

Erläuterungen zu § 22

Die im vorangegangenen Abschnitt zum Ausdruck gebrachte Abhängigkeit des Gottes Ptolemaios von den anderen Göttern (er ist der, der das Opfer für sie vollzieht) führt gleichzeitig dazu, dass sie ihn im Gegenzug mit ihrer Gunst versehen. Ein ägyptischer König, der sich seiner Aufgabe gewachsen zeigt, hat sein Amt sichtlich verdient. Und so verleihen ihm die Götter und Göttinnen Stärke und Unversehrtheit, alle Wohltaten und vor allem eine stabile Herrschaft auch seiner Nachfahren.

Im Formular griechischer Ehrendekrete ist diese Formulierung, die sich an den Bericht über die Leistungen des Geehrten anschließt, unbekannt. Die ägyptischen Priester haben sie folglich neu in ihre Ehrendekrete integriert. Dies hatte wiederum seinen Grund in der ägyptischen Ritualpraxis. Betrachtet man nämlich die Leistungen des Königs, so entsprechen die geschilderten Wohltaten dem, was nach Auskunft der ägyptischen Tempelreliefs auch bei den Ritualen und Opfern für die ägyptischen Götter geschieht. Für den Ritualvollzug und das Darbringen von Opfergaben wiederum heißt es in den Tempeltexten von göttlicher Seite aus häufig, dass dem König seine Herrschaft bis in Ewigkeit gegeben wird. Mithilfe einer kleinen Modifikation des griechischen Ehrendekretes banden die Priester also einen tausendfach an den Tempelwänden bildlich dargestellten Ritualzusammenhang in das für sie neue Formular ein.

Erläuterungen zu § 23

Das griechische Formular eines Ehrendekretes bestimmt hier den Aufbau mit der sog. Übergangsformel. So wird eine Resolution wie die vorliegende, die von einem beratenden Gremium verabschiedet wurde, üblicherweise mit der Segensformel »Mit gutem Glück!« (*agathḗ týchē*) eingeleitet. Die Fassungen **h** und **d** imitieren den griechischen Ausdruck.

Im Anschluss an die Einleitungsformel beschließen die Priester als Erstes, nicht nur die Ehren des fünften Ptolemäers, sondern auch diejenigen seiner Ahnen in allen Tempeln zu vermehren. Damit ist deutlich herausgestellt, dass

Ptolemaios seine Leistungen nur deshalb vollbringen konnte, weil er in einer dynastischen Erbfolge stand. Anders ausgedrückt: Weil in der Beschlussbegründung kein einziges Mal auf eine konkrete Leistung der Ahnen eingegangen ist (Ptolemaios musste ja sogar seinen Vater rächen, gegen den die Rebellen sich erhoben hatten), impliziert diese Ehrung, dass auch die Ahnen für die Leistungen des Ptolemaios verantwortlich sind und deshalb ebenfalls ein Anrecht auf eine Vermehrung der Ehren haben. Damit unterstreichen die Priester nochmals die dynastische Legitimation des jugendlichen Königs.

Die Ahnenreihe geht bis auf Ptolemaios I. und Berenike I., die Rettergötter, zurück. Hier werden sie genannt, ebenso in der Aufzählung der Ptolemäer, die an den Alexanderkult angeschlossen waren (vgl. § 1 in der Titulatur des Alexanderpriesters). Doch im Bildfeld der Stele **N** fehlt das erste Ptolemäerpaar.[74]

Erläuterungen zu § 24

Die erste nur für Ptolemaios V. beschlossene Ehrung beinhaltet die Aufstellung zweier Statuen, nämlich einer des Königs selbst und einer des Stadtgottes des jeweiligen Aufstellungsortes. Dass mit den Bildnissen wirklich rundplastische Darstellungen und nicht etwa Reliefs gemeint sind, wird übrigens nicht durch die Bildtermini eindeutig, sondern erst durch die verwendeten Verben zur Bezeichnung der Aufstellung.

Von der Königsstatue erfährt man nicht das Material, nicht die Größe, sonst in ägyptischen Statuenbeschreibungen der Ptolemäerzeit wichtige und regelmäßig genannte Merkmale von Statuen, sondern in erster Linie ihren Namen. Er ist in altertümlichem Ägyptisch gehalten, das aber in **h** und **d** zusätzlich in zeitgenössische(re) Sprache übertragen ist. In dem Statuennamen kommt die militärische Stärke des Königs zum Ausdruck. Konkreter Anlass für die Betonung gerade dieses Aspektes wird die Eroberung der Rebellenhochburg Lykonpolis gewesen sein. Die Tatsache, dass der Sieg errungen wurde, hat Ptolemaios V. als den von den Göttern Ägyptens unterstützten und rechtmäßigen König erwiesen. Sie waren es, die ihm folglich den Sieg verliehen haben, was durch die Aufstellung einer Statue des Stadtgottes, der dem König ein Siegesschwert überreicht, deutlich zum Ausdruck kommt.[75] Derselbe Gedanke wird im Giebelfeld von **N** verdeutlicht, wo Schu dem König ein Schwert hinstreckt, der den Feind siegreich ersticht; entsprechend muss man sich dann auch das Aussehen der – wie es im Dekret explizit bestimmt ist – ägyptisch gestalteten Statuengruppe vorstellen (vgl. auf S. 27 ff. die Diskussion zum Giebelfeld).

Ein solches Ensemble soll dann in jedem Tempel im »Hof der Menge« (so **h**) aufgestellt werden, also dem »öffentlichen Ort des Tempels« (**d**). Als »bestsichtbarer Ort« (**g**) war er Laien zugänglich. Auch spätere Dekrete beziehen sich auf die Errichtung vergleichbarer Statuengruppen, doch ist von ihnen, obwohl sie ja in jedem Tempel gestanden haben dürften, keine einzige überliefert.

Und noch etwas ist besonders wichtig und wird eigens betont: Die Statuen sollten in ägyptischer Weise gestaltet sein. Im hellenistischen Ägypten waren Ägyptisches und

Hellenistisches nebeneinander und auch gemischt möglich. Daher war der Hinweis darauf, dass es Statuen in ägyptischem Habitus sein sollten, angebracht, obwohl in den Tempeln traditionell wenig von hellenistischer oder hybrider Kunst zu finden ist.

Erläuterungen zu § 25

Nun wird der Kultdienst an der Statuengruppe geregelt. Obwohl sie nicht im Tempelinneren, sondern im Hof aufgestellt werden sollen, sind die Statuen dreimal täglich mit Opfern und Ritualen zu versorgen. Während **d** und **g** lediglich vom Dienst an Statuen sprechen, macht **h** zusätzlich deutlich, dass die Gaben natürlich letztlich nicht für die Statuen bestimmt sind, sondern für die Dargestellten: Ihr Ka, d. h. ihre Lebenskraft, profitiert von den Opfern und Riten. Die für den Kult an diesen Statuen passenden Rituale sind die der Gaugötter (**h**) bzw. die der anderen Götter (**d** und **g**) an bestimmten Festen. Mit den »Gaugöttern« – ein sakraler Terminus technicus – sind die übrigen Götter eines Tempels gemeint[76] (vgl. § 26): In ägyptischen Heiligtümern war es stets der Fall, dass neben dem dort verehrten Hauptgott noch zahlreiche sog. *sýnnaoi theoí*, also »Götter, die den Tempel mit dem Hauptgott teilen«, am Kult partizipierten. So wird Ptolemaios in die Verehrung dieser »tempelteilenden Götter« eingebunden.

In diesem Punkt divergieren die ägyptischen Fassungen leicht von der griechischen Version: Mit den »nämlichen Tagen« (**d**), die in **g** fehlen, könnten entweder die im Dekret später in §§ 29 und 30 beschlossenen zusätzlichen Festtage gemeint sein[77] oder aber die im Festkalender eines jeden Tempels lokaltypischen Feste[78] (**h**).

Erläuterungen zu § 26

Zusätzlich zu den in den beiden vorigen Abschnitten behandelten Statuen des Königs und des Stadtgottes soll noch eine weitere Figur des Königs hergestellt werden, zu der ein vergoldeter Schrein gehört. Dass dieser mit kostbaren Steinen inkrustiert werden soll, steht nur in **h**. Im Unterschied zu den vorigen, monumental zu denkenden Statuen geht es jetzt um eine kleinformatige Figur wohl aus Holz oder Gold. Sie soll in ihrem hölzernen und tragbaren Naos (Schrein) im Allerheiligsten eines jeden Tempels zusammen mit den Schreinen der Götter, die neben dem Hauptgott verehrt werden, der *sýnnaoi theoí* (vgl. die Erläuterungen zu § 25), aufgestellt werden. Auf diese Weise war der König gleichwertig zu den betreffenden Göttern, partizipierte also auch an ihren Kulten.

Aufgestellt waren die Schreine der »Gaugötter«, zu denen dann auch der des Ptolemaios gesellt wurde, im Raum direkt vor dem Sanktuar.[79]

Erläuterungen zu § 27

An den hohen Erscheinungsfesten der Götter soll der Schrein mit der Figur des Gott-Königs Ptolemaios aus dem Tempelinneren herausgebracht und mit den Schreinen der übrigen Götter in einer Prozession herumgetragen werden. Diese Bestimmung ist vor allem deshalb wichtig, weil nur bei den öffentlichen Prozessionen die lokale Bevölkerung überhaupt eine Möglichkeit hatte, in die Nähe der Götter zu gelangen, wenn diese – zumeist in Prozessionsbarken – andere Tempel besuchten oder auf die Prozessionswege der Tempel ausgeführt wurden. Die Tempel selbst waren nämlich, abgesehen vom »Hof der Menge«, wo die Statuengruppe des Königs und des Hauptgottes aufgestellt wurde, für die Laien nicht zugänglich. Kult fand für das Volk im Tempel, aber mit dem Volk ausschließlich außerhalb des Tempels statt. Schon hieraus erschließt sich die enorme propagandistische Bedeutung, die die Prozessionen für die Verbreitung des Herrscherkultes im Land hatten.

Erläuterungen zu § 28

Bemerkenswert ausführlich geht das Dekret auf das Aussehen des Naos ein, was nicht verwundern muss, wenn man bedenkt, dass Schreine, während sie in Prozessionen getragen wurden, geschlossen waren, so dass die in ihnen befindlichen Statuetten nicht sichtbar waren. Wenn also zu erkennen sein sollte, wessen Schrein da gerade getragen wurde, musste er selbst ein klares Kennzeichen haben. Der Naos des Königs sollte sich deutlich von den (wohl uniformen) Schreinen der anderen Götter des Tempels unterscheiden: Auf diese Weise war Erkennbarkeit garantiert.

Was deshalb folgt, ist eine präzise Beschreibung der Ikonographie des königlichen Naos: Anstelle eines Uräenfrieses, also einer Reihe von Uräusschlangen  oben an der

Frontseite des Schreines, soll es ein Fries von insgesamt elf Kronen sein, einer Doppelkrone – hier übernimmt **g** mit *ps'chent* den ägyptischen Ausdruck als Fremdwort – in der Mitte und zehn[80] weiteren Königskronen, die der ägyptischen Konvention entsprechend mit jeweils einer kleinen Uräusschlange an der Stirn versehen sein sollen. Welche der vielen ägyptischen Königskronen gemeint sind, geht aus dem Text nicht eindeutig hervor. Man könnte an Oberägyptische Kronen und Unterägyptische denken, die in der Doppelkrone zusammenkommen.[81] Als Grund für die Hervorhebung der Doppelkrone wird im Text angegeben, dass der König gerade sie während der ägyptischen Zeremonien seiner Inthronisation trug.[82] Bei der Doppelkrone sollen noch Binse[83] und Papyrus, die Symbole für Ober- und Unterägypten platziert werden.

In der weiteren Beschreibung des Schreines wird sodann auf zwei andere Dekorationselemente hingewiesen. Der Dekor in den Ecken des Naos sollte die folgenden beiden Elemente zeigen: und, also noch einmal Papyrus und Binse, die Zeichen für die beiden Landeshälften, mit der jeweils auf einem Korb sitzenden tiergestaltigen Kronengöttin darüber.

Nach unserem Dafürhalten wird in dieser Bestimmung, die in **g** völlig fehlt, keine Präzisierung zur vorher angesprochenen Dekoration mit den Symbolpflanzen für Ober- und Unterägypten beim Kronenfries gegeben, sondern ein eigenständiges Dekorationselement an den Ecken der Schreinvorderseite beschrieben.[84] Es handelt sich um eine Angabe zur Anbringung der Kronengöttinnen und Embleme von Ober- und Unterägypten (vgl. in der Titulatur des § 1 den Herrinnennamen): Die geiergestaltige Nechbet steht wie die Binse für Oberägypten, die Kobragöttin Uto repräsentiert zusammen mit der Papyruspflanze Unterägypten. In **d** wird anstelle eines Geiers von einem zweiten Uräus gesprochen. Das ist zwar ikonographisch ein Unterschied, aber theologisch synonym, da alle Kronengöttinnen auch als Schlangen gedacht werden konnten.[85] Zusammen mit den Körben, die unter den Gottheiten sind, ergibt sich eine Dekoration, deren Elemente sich häufig an den seitlichen Begrenzungen von Stelen, Schreinen und Tempelszenen befinden. Das Ensemble für Oberägypten soll rechts, das für Unterägypten links angebracht sein.

Abschließend wird die Bedeutung der ganzen Dekoration oder nur des letzten Elementes mit den Kronengöttinnen explizit angegeben: Die »Beiden Herrinnen« (= der König) haben Ober- und Unterägypten erleuchtet. Vorher wurde ja schon gesagt, dass der König mit der Doppelkrone bei seiner Inthronisation »erglänzte« (**h**). Nun hat er sein Licht auf das ganze Land, Ober- und Unterägypten, übertragen (vgl. das Beiwort des »Erscheinenden Gottes«), was man durchaus als programmatische Aussage werten darf, hatte der König doch die Rebellen in Oberägypten noch nicht vollständig niedergeworfen.

Erläuterungen zu § 29

Als Festtage, die fortan durch eine monatliche Feier in allen Tempeln Ägyptens begangen werden sollen, werden der Geburtstag des Königs und sein Thronbesteigungstag bestimmt. Da »Geburt« und »Thronbesteigung« des Königs die Namen des jeweiligen Festtages sind, bezeichnet man sie im Griechischen als »eponym« – sie gaben dem jeweiligen Tag seinen Namen. Ptolemaios V. war am 30. Tag des vierten Monats des Sommers des zwölften oder 13. Regierungsjahres seines Vaters Ptolemaios IV., d. h. am 9. Oktober 211 oder 8. Oktober 210 v. Chr. geboren worden. Als Ptolemaios IV. etwa in der Jahresmitte 204 v. Chr. starb, war Ptolemaios V. erst fünf Jahre alt. Im selben Jahr wurde seine Mutter Arsinoe III. ermordet, und die faktische Regierung kam in die Hände von Vormündern. Schon Ende 206 war der Aufstand in der Thebais ausgebrochen, und es dauerte bis in das Jahr 197/196 v. Chr., das als neuntes Regierungsjahr Ptolemaios' V. gezählt wurde, ehe er überhaupt nach ägyptischem Ritus inthronisiert war. Zum griechischen König war er kurz nach dem Tod seines Vaters erklärt worden.

Doch erst nach seiner Volljährigkeitserklärung, den *anaklētēria*,[86] entschied sich der Hof, ihn nun auch zum Pharao machen zu lassen. Das geschah nach **h** des Rosettadekretes, bestätigt von der demotischen Fassung des Ersten Philädekretes,[87] am 17.[88] Tag des zweiten Monats der Überschwemmungszeit[89] (= 26. November 197 v. Chr.). Beide Tage, also der 17. und der 30., sollen fortan jeden Monat als Festtage in allen Tempeln mit Opfern begangen werden.

Interessant ist der Hinweis, dass die Opfergaben (natürlich nach Vollzug der Riten und wenn sich die Götter ihren Teil ›genommen‹ haben) an das Tempelpersonal gehen sollen. Opfer waren in Ägypten ein Teil der Wirtschaft und wurden am Ende von Menschen verzehrt. Wenn also neue Feste im Tempel installiert wurden, bedeutete das, dass sich auch die Einkünfte der Priester vermehrten. Die Feste wurden möglich, weil der König auf Abgaben der Tempel verzichtete. Auf diese Weise unterstütze und finanzierte er seinen eigenen Kult durch Steuerreduktionen – genau das wird ausführlich in den Beschlussbegründungen beschrieben (§§ 8, 12, 18–21).

Erläuterungen zu § 30

Ein weiteres Fest wird im 1. Monat des ägyptischen Jahres eingerichtet: Die ersten fünf Tage des Jahres sollen künftig ein Fest zu Ehren des Königs sein. Die Priester verbanden das neue Fest, eine öffentliche Prozession, mit einem zentralen Datum des ägyptischen Kalenders, dem ägyptischen Neujahrsanfang, der ohnehin schon ein Festtag war. Auf diese Weise sollte einerseits der Bevölkerung eine Annahme des neuen Gottes erleichtert, andererseits der fremde Kult mit einem bereits positiv besetzten Datum verbunden werden. Ganz ähnlich legten die Christen ihre Feste auch auf jahreszeitlich wichtige Daten oder ersetzten pagane Feste.

Die fünf Tage, die gefeiert werden sollen, sind für den Ägypter quasi eine halbe Woche. Denn jeder Monat zu 30 Tagen war in drei Dekaden zu je zehn Tagen unterteilt, und aus Arbeitsjournalen des Neuen Reiches weiß man, dass entsprechend alle zehn Tage ein arbeitsfreies »Wochen«ende war.[90]

Als spezielle Bestimmung wird hervorgehoben, dass die Festteilnehmer Kränze tragen sollen. Das wiederum kann ein Hinweis darauf sein, dass die Priester einen fremden, griechischen Kult in ihre Tempel integriert haben. Denn im griechischen Raum war es üblicherweise so, dass sich die an einem Opfer Beteiligten bekränzten. Der Herrscherkult war also keine ursprünglich ägyptische Angelegenheit, sondern wurde als Fremdkult ägyptisiert.[91]

Erläuterungen zu § 31

Die Priester aller Tempel sollen nach dieser Bestimmung einen zusätzlichen Priestertitel zu Ehren von Ptolemaios V. tragen. Der neue Titel soll auch in schriftlichen Dokumenten geführt und im Siegelring der Priester eingraviert werden.[92] Eine solche Vorschrift unterstreicht nochmals die Tatsache, dass mit dem hier beschlossenen Ptolemäerkult die Grenzen des pharaonischen Königskultes deutlich überschritten sind. Jeder Priester war jetzt also nicht nur Priester eines jeweiligen Hauptgottes in einem Tempel, sondern zusätzlich Priester des Herrscherkultes. Da seit dem zweiten Ptolemäerpaar ein Herrscherkult im Tempel eingerichtet war und Entsprechendes auch für die Nachfahren des fünften Ptolemäers beschlossen wurde, ›wuchs‹ die Titulatur der ägyptischen Priester an.

Erläuterungen zu § 32

Tatsächlich wird in diesem Passus eine private Ausübung eines Kultes für den Herrscher gestattet. Schon in älterer Zeit gab es in Ägypten verschiedene Kultformen im privaten Bereich, etwa für verstorbene Ahnen zu Hause oder an den Gräbern, aber jedenfalls außerhalb des Tempelkultes.

Nun wird ein privater Kult für Ptolemaios V. ermöglicht, indem die Menschen bei sich zu Hause einen Schrein aufstellen dürfen, der dem in § 28 beschriebenen Prozessionsschrein des Tempelkultes entspricht. In **g** wird übrigens nicht darauf hingewiesen, dass es gleichsam eine Kopie des offiziellen Schreines sein soll, die man sich auch aus billigerem Material denken kann. Einen solchen Schrein dürfen Privatleute zu Hause aufstellen und bei den entsprechenden Festen in Prozessionen tragen. Wer das tut, bringt damit seine besondere Verbundenheit mit dem König zum Ausdruck. Von einer Königsfigur in dem Schrein wird hier nichts gesagt.

Die Vorgabe ist auf jeden Fall als weiterer Hinweis darauf zu werten, dass der offizielle Herrscherkult aus der alexandrinischen Praxis übernommen wurde und von den Priestern an ägyptische Verhältnisse angepasst wurde, denn dass die Priester Privatleuten gestatten, den Kult für den König nach der Art und Weise zu betreiben, wie er im Tempelkontext durchgeführt wird, ist aus der ägyptischen Welt nicht bekannt. Sehr wohl finden sich aber im griechischen Herrscherkult ähnliche Bestimmungen.[93]

Erläuterungen zu § 33

Wie fast[94] alle Synodaldekrete enthält auch das Rosettadekret zuletzt Regelungen zur Publikation des Textes: Er soll auf einer Hartgesteinstele in Hieroglyphen, demotischer und griechischer Schrift eingemeißelt werden.[95] Das waren die drei relevanten Schriften des ptolemäischen Ägypten. Im Fall des Rosettasteins haben die Verantwortlichen diese

Bestimmung umgesetzt. Aber die Stele **N** enthält nur den hieroglyphischen Text. Auch andere Dekrete, die eine Publikation in drei Schriften verlangen, wurden manchmal nur in einer oder zwei der verlangten Schriften niedergeschrieben.[96] Es ist auch nicht immer eine Stele, auf der der Text veröffentlicht wurde. In Philä stehen die beiden Dekrete (nur hieroglyphisch und demotisch) bekanntlich auf einer Tempelwand. Vom Zweiten Philädekret gibt es aber auch eine Stele – nur in Hieroglyphen.[97] Derartige Missachtungen der Publikationsbestimmungen sind freilich nicht als ›Hochverrat‹ anzusehen, vielmehr handelte es sich um eine gewisse ›Flexibilität‹ der lokalen Verantwortlichen im Umgang mit den Vorgaben. Zuweilen mag es auch einfach am finanziellen Aufwand gelegen haben: So war natürlich die Einschreibung des Dekretes auf einer vorhandenen Tempelwand kostengünstiger als die Anfertigung eines Inschriftensteins.

Eine solche Stele sollte in jedem Tempel errichtet werden. Die Einteilung der Tempel in drei verschiedene Gruppen war nicht kultisch oder theologisch bedingt, sondern stellte eine administrative Kategorisierung dar.[98] Da es nur drei Ordnungen gab, dürfte mit der im Dekret gewählten Formulierung also intendiert gewesen sein, dass das Dekret in *jedem* Tempel aufgestellt wird. Die Stele mit dem Text sollte neben den beiden in § 24 beschriebenen Statuen errichtet werden.

Wenn mithin alles wie verlangt ausgeführt wurde, fand sich im »Hof der Menge« eines jeden Tempels in Ägypten ein auffälliges Ensemble aus der Statue des Königs, der Statue des Stadtgottes und der Stele mit dem Dekret.

Die Entzifferung[1]

Wenn wir dieses Kapitel nicht mit »Die Entzifferung der ägyptischen Hieroglyphen« überschrieben haben, so aus einem einfachen Grund: Auf dem Rosettastein befinden sich zwei ägyptische Schriften, die zum Zeitpunkt der Entdeckung des Steins *beide* unverständlich waren. Hier ist also nicht nur von der Entschlüsselung der Hieroglyphenschrift, sondern auch von der Entzifferung der demotischen Kursive zu berichten. Erstere war sicherlich spektakulärer, ist aber mit der Erschließung des Demotischen verknüpft. Dass wir hier nur eine knappe Skizze bieten und vor allem nicht auch die Irrwege nachzeichnen können, lässt den Prozess geradliniger erscheinen, als er tatsächlich verlief.

Die Voraussetzungen für die Entschlüsselung der Hieroglyphen schienen zunächst günstig zu sein, schließlich gab es mit dem Rosettastein ein dreisprachiges Dokument in drei verschiedenen Schriften. Da die griechische Version problemlos gelesen werden konnte, wusste man zudem, dass der identische Text auch in den beiden anderen Versionen vorliegen musste (vgl. § 33). Freilich – doch das konnte man ja noch gar nicht wissen – lassen sich die drei Texte nicht einfach Wort für Wort parallelisieren. Wir verdeutlichen mit unserer Übersetzung bewusst die Unterschiede.

In Bezug auf den hieroglyphischen Text gab es zudem ein gravierendes Problem. Während die anderen beiden Textfassungen bis auf vergleichsweise kleine Stücke vollständig sind, ist vom Hieroglyphentext weniger als ein Drittel des ursprünglichen Textbestandes erhalten. Doch selbst das wussten die Forscher nicht, schließlich lassen sich quantifizierende Aussagen erst mit Kenntnis der Hieroglyphen treffen.

Kaum war der Stein von Rosetta in Abschriften in der wissenschaftlichen Öffentlichkeit zugänglich, da begann auch schon der Wettlauf um die Entzifferung der ägyptischen Schriften. Zunächst waren die Engländer klar im Vorteil, denn der Stein befand sich in ihrem Besitz. Sie konnten das Original studieren, während alle anderen entweder nach London reisen oder Kopien heranziehen mussten, die gelegentlich ungenau waren – beim Kopieren einer unbekannten Schrift passieren leicht Fehler, die wiederum einer Entzifferung im Wege stehen.

In der mittleren Version wurde zuerst Syrisch vermutet,[2] doch schon bald sprach man vorsichtshalber von einer unbekannten Schrift, ehe schließlich klar war, dass es sich um Demotisch bzw., wie man es nach dem griechischen Text (§ 33) damals nannte, um »Enchorisch« (*enchṓrios* »einheimisch«) handelt.[3] Thomas Young (vgl. S. 143 ff.) sprach deshalb von Enchorisch, wohingegen sich Champollion für Demotisch entschied. Hierzu konnte Letzterer sich auf den griechischen Geschichtsschreiber Herodot berufen, der die entsprechende Schrift *dēmotiká* (populär, im Sinne von »profan«) nennt (*Historien* II 60). Und es gab noch weitere antike Bezeichnungen.[4] Bei der Entzifferung dieser Schrift gab es zwei Vorteile: Das entsprechende Textfeld auf dem Rosettastein ist erstens nahezu vollständig erhalten. Zweitens behinderten, anders als bei der Entzifferung der Hieroglyphenschrift, nicht jahrhundertealte scheinbare »Gewissheiten« die Arbeit. So galt das Hieroglyphische als eine Schrift, in der ein Zeichen für ein Wort oder gar für einen ganzen Gedanken stehe (logographisch/ideographisch).

Basierend auf den Bemerkungen antiker griechischer Autoren war Athanasius Kircher im 17. Jh. bei seinen Versuchen, die ägyptischen Hieroglyphen zu entziffern, von eben diesen Annahmen ausgegangen und zu höchst abstrusen Deutungen hieroglyphischer Inschriften gekommen.[5] Seine Überzeugung, tiefe Geheimnisse seien in den ägyptischen Hieroglyphen niedergelegt, ging so weit, dass er eine korrekte antike griechische Übersetzung einer ägyptischen Obeliskeninschrift[6] als falsch ausschied: Der Text war ihm zu wenig esoterisch. Bereits Kircher hatte aber die Bedeutung der im neuzeitlichen Ägypten immer noch in der christlichen Liturgie benutzten koptischen Sprache für das Verständnis der Hieroglyphen erkannt, weil ihm klar geworden war, dass das Koptische sprachgeschichtlich gesehen der Nachfolger des älteren Ägyptischen ist (wie z. B. Italienisch das Lateinische fortsetzt). Und genau diese Erkenntnis lieferte Champollion letztendlich einen Schlüssel zur Entzifferung (s. S. 153).

Die Tatsache, dass eine Hieroglyphe bildhaft ist, verführte Kircher und lange Zeit auch Champollion zu der Annahme, dieses Bild müsse für einen Begriff oder Gedanken stehen. Dabei ist die äußere Form der Zeichen für das Funktionieren eines Schriftsystems völlig unerheblich. Ob man den Laut *n* mit dem Zeichen n oder mit einer Wasserlinie (𓈖) schreibt, spielt keine Rolle, denn beide sind alphabetische Zeichen.

Im Fall des Demotischen, das eben überhaupt keinen bildhaften Charakter hat, war man nie auf den Irrweg verfallen, in ihm eine ideographische Schrift zu vermuten.

Und man hatte noch einen Vorteil, gab es doch auch demotisch-griechische Papyri mit den Datierungsprotokollen nach dem König und eponymen Priestern und Priesterinnen – einer Datierung, wie sie sich ähnlich in § 1 des Rosettadekretes wiederfindet.

Unter den ersten Entzifferern ist der französische Orientalist Silvestre de Sacy[7] zu nennen. Ihm stand über den Minister Chaptal eine Kopie der Inschrift des Rosettasteins zur Verfügung, und de Sacy hatte die naheliegende Idee, die vielen griechischen Namen, die nach Ausweis des griechischen Textes auch im demotischen stehen mussten, in letzterem nachzuvollziehen. Aber es gelang ihm nicht, was er in seiner *Lettre au Citoyen Chaptal* 1802 eingestand.

Die Kopie des Textes gab de Sacy schließlich an den schwedischen Diplomaten Johan David Åkerblad[8] weiter, der in Paris lebte und sich besonders mit dem Koptischen beschäftigte. Und dieser konnte bereits zwei Monate später, im Sommer 1802, in seiner *Lettre au C.^{en} de Sacy* verkünden, dass er alle Namen im demotischen Text lesen konnte. Sie waren wirklich alphabetisch geschrieben. Und auch einige andere Wörter und Zeichen hatte er erkannt, z. B. das einem Wort angehängte grammatische Element (Suffix) *f* für das Personal-/Possessivpronomen »er, sein«, das im Demotischen  fast wie im Koptischen (ϥ) aussieht, wo es dasselbe Suffix mit derselben Bedeutung gibt.

Aber Åkerblad unterlag einem Irrtum, der ihm den weiteren Weg versperrte. Denn er dachte, die demotische Schrift verwende *ausschließlich* Alphabetzeichen. Mit Blick auf die Hieroglyphen fand er immerhin heraus, wie die Ordnungszahlen »erster, zweiter, dritter« geschrieben werden. Denn in § 33, wo von den drei Ordnungen der Tempel

Abb. 7 Der britische Arzt und Universalgelehrte Thomas Young (1773–1829) beschäftigte sich in seiner Freizeit mit der Entschlüsselung der ägyptischen Schriften.

die Rede ist, findet sich dreimal hintereinander dasselbe Zeichen erst mit einem, dann mit zwei und dann mit drei Strichen darunter: .

Es dauerte jedoch bis 1814, ehe wirkliche Fortschritte erzielt wurden. Thomas Young[9], ein Arzt und Physiker, der sich in seiner Freizeit auch mit geisteswissenschaftlichen Studien befasste, erkannte, dass die demotische Schrift nicht nur alphabetisch sein konnte. Anhand der Häufigkeiten und Abstände von mehrfach wiederkehrenden Zeichenfolgen identifizierte er Wörter wie »König«, »Tempel«, »Ägypten« usw. und unterteilte den demotischen Text in 68 Abschnitte (die meisten richtig),[10] die er mit Passagen des griechischen Textes zusammenbrachte. Für den hieroglyphischen Text versuchte er dasselbe, ebenfalls mit ganz gutem Erfolg. Und Young erkannte, dass einige demotische Schreibungen rein äußerlich wie eine kursive Abkürzung mancher hieroglyphischer Zeichengruppen aussah, so dass er vermutete, Hieroglyphen und demotische Schrift müssten rein graphisch miteinander verwandt sein. Daraus leitete er die Vermutung ab, dass beide Schriften auch als System ähnlich seien, nämlich nicht rein ideographisch (Hieroglyphen) *oder* rein alphabetisch (Demotisch), sondern beide z. T. ideographisch und z. T. alphabetisch.[11] Tatsächlich werden in beiden Schriften phonetische und ideographische Prinzipien kombiniert. Dass Young vieles falsch verstand, wie sich in der von ihm 1818 publizierten ägyptischen Wort- und Hieroglyphenliste zeigt, schmälert nicht seine bahnbrechende Erkenntnis, denn sie wies den methodischen Weg für die Hieroglyphenentzifferung.[12]

Als nächster ist im Zusammenhang mit der Entzifferung der Hieroglyphen Jean François Champollion zu nennen.[13] Seine Vita mag, auch aufgrund seiner späteren nationalen Bedeutung und wissenschaftsgeschichtlichen Berühmtheit, geradezu durchsetzt mit Mythographie sein. Maßgeblich für alle späteren Arbeiten über sein Leben ist die erste – deutschsprachige – Biographie Champollions von Hermine Hartleben aus dem Jahr 1906, der wir hier folgen.

Er wurde am 23. 12. 1790 als Sohn eines Buchhändlers geboren und brachte sich noch vor der Einschulung selbst das Lesen bei. Schon früh keimte in ihm der Wunsch, die Hieroglyphen zu entziffern. Dazu lernte er Hebräisch, Arabisch, Syrisch und Chinesisch. Für seine Arbeit zur Hieroglyphenschrift war Champollion auf verschiedene Kopien der Inschriften angewiesen, von denen mehrere der gelehrten Welt zugänglich waren.[14] Doch, wie gesagt, Schriften, die man nicht versteht, kann man nicht ganz korrekt kopieren, und daher wichen die diversen Reproduktionen hin

Abb. 8 Jean François Champollion (1790–1832) auf einem Gemälde, das Léon Cogniet im Jahr 1831, kurz vor dem Tod des Gelehrten, anfertigte

und wieder in Details voneinander ab. Champollion schrieb schon 1814 an die Royal Society und bat um einen Abdruck des Rosettasteins. Foreign Secretary der Akademie war der bereits erwähnte Thomas Young, der auf die Anfrage Champollions zurückhaltend reagierte und lediglich anbot, einige Passagen, an denen der Franzose interessiert war, am Original zu überprüfen. Im Hintergrund stand de Sacy, der Young riet, nicht zu viele der eigenen Entzifferungsergebnisse an Champollion weiterzugeben. Champollion, der Sympathien mit Napoleon zeigte, war für de Sacy ein Scharlatan, der sich am Ende mit fremden Federn schmücke.

1815 erfolgte ein weiterer wichtiger Fund: William John Bankes[15] entdeckte auf Philä einen hieroglyphisch beschrifteten Obelisken mitsamt seinem antiken Sockel, auf dem eine griechische Inschrift von der offiziellen Korrespondenz der Priester Philäs mit dem König Ptolemaios VIII.

Euergetes II. und seinen Gemahlinnen namens Kleopatra bezüglich Einquartierungsangelegenheiten eingemeißelt ist.[16] Bankes und Young nahmen an, eine neue zweisprachige Inschrift gefunden zu haben. Das Problem war aber, dass auf dem Obelisken nur *eine* Kleopatra vorkommt, in der griechischen Sockelinschrift jedoch *zwei*. Champollion bestritt daher zu Recht noch in einem im März 1822 erschienenen Aufsatz, dass Obelisk und Basis als Bilingue angesehen werden könnten, ja, dass beide Inschriften überhaupt etwas miteinander zu tun hätten.[17] Bankes ging dagegen davon aus, dass diejenige Kartusche (der Ring um den Königsnamen) auf dem Obelisken, die nicht »Ptolemaios« lauten konnte – diese kannte man vom Rosettastein –, den Namen »Kleopatra« enthalten müsse. Denn so hießen beide Königinnen, mit denen Ptolemaios VIII. verheiratet war. Young publizierte seine Ergebnisse 1819. Er hatte in dem Sinne recht mit seinem Ergebnis, dass tatsächlich eine Kleopatra in einer[18] zweiten Kartusche genannt ist.

Champollion wiederum verlor 1821 aus politischen Gründen seinen Posten als Professor in Grenoble, woraufhin er im Juli 1821 zu seinem Bruder nach Paris zog. Der war Sekretär des Barons Bon Joseph Dacier, seinerseits Sekretär der Académie des Inscriptions et Belles Lettres in Paris. Der Akademie legte Champollion sein zwei Jahre zuvor bereits fertiggestelltes Manuskript zum Hieratischen, einer weiteren ägyptischen Kursivschrift (vgl. S. 106), vor, in dem er die irrige Vermutung vertrat, die Hieroglyphen seien symbolisch und logographisch.[19] Immerhin zeigte Champollion die enge Verwandtschaft von Hieroglyphen und hieratischer Schreibschrift, die man inzwischen von einigen Papyri kannte, wodurch die Textgrundlage für alle Entzifferungsversuche der Hieroglyphen deutlich vergrößert wurde.

Im Dezember 1821 verglich Champollion die Anzahl der Zeichen der hieroglyphischen Fassung (er kam auf 1419, aber nur 66 verschiedene) mit der Zahl der griechischen Wörter (486) auf dem Rosettastein, was bewies, dass die ägyptische Schrift nicht rein logographisch sein konnte. Es musste also z. B. in fremden Namen so etwas wie Lautzeichen geben.[20]

Zu diesem Zeitpunkt konzentrierte sich die Suche der Entzifferer vor allem auf den sicher zu identifizierenden Namen eines Königs oder einer Königin, so dass er mit dem Namen »Ptolemaios« verglichen werden konnte, den man, wie gesagt, bereits vom Rosettastein kannte. Young nahm, auch das wurde schon gesagt, an, einen solchen Namen mit der Kleopatra auf dem Philäobelisken gefunden zu haben.

Jean Antoine Saint-Martin hielt am 16. August 1822 in der Akademie der Wissenschaften in Paris einen Vortrag, in dem er den Namen »Kleopatra« in einem demotischen Papyrus, der zusätzlich eine griechische Quittung trägt,[21] identifizierte. Dieser Papyrus ist aber keine Bilingue. Basis für die Entdeckung war vielmehr die Tatsache, dass in der griechischen Quittung das 36. Regierungsjahr eines Ptolemaios genannt wird; eine Kleopatra kommt in diesem Teil des Papyrus allerdings nicht vor. Im demotischen Urkundentext dagegen erfolgt die Datierung nach dem König Ptolemaios und der Königin Kleopatra.

Doch wie gelang es Saint-Martin, den Namen der Königin im demotischen Text ausgerechnet als Kleopatra zu identifizieren? Der Gelehrte ging von der Überlegung aus, dass nur zwei Ptolemäerkönige lange genug regierten, um überhaupt ein 36. Regierungsjahr zu erreichen. Da nach

Saint-Martin nur Ptolemaios VIII. Euergetes II. und Ptolemaios IX. Soter II., die beide mit einer Königin namens Kleopatra verheiratet waren, infrage kamen, musste der Name der Königin in der demotischen Urkunde als Kleopatra zu verstehen sein. Tatsächlich ist der Schluss so nicht korrekt, da die Lage viel komplizierter ist, weil verschiedene ptolemäische Könige in offiziellen Denkmälern Jahre ihrer Vorgänger bei der Zählung ihrer eigenen Regierungsjahre zu diesen dazurechneten. Und so ist der König in Wirklichkeit Ptolemaios VI. Philometor, der freilich auch mit einer Kleopatra verheiratet war, nämlich Kleopatra II. Wie schon beim Bankes-Obelisken hatte also erneut eine zufällige Koinzidenz zu einer richtigen Lösung geführt. Saint-Martin konnte nun den auf falschem Weg, aber doch letztlich richtig als Kleopatra erkannten demotisch geschriebenen Namen in Hieroglyphen umsetzen und hatte dadurch eine hieroglyphische Kartusche für den Namen der Königin. Der Vergleich der Kartuschen von Ptolemaios und Kleopatra spielte dann die Schlüsselrolle für Champollions nächsten Entzifferungsschritt, die Bestimmung alphabetisch gebrauchter Hieroglyphen. Übrigens war es zum damaligen Zeitpunkt lediglich eine Vermutung, dass Kartuschen Königsnamen einschließen.

Kurze Zeit nach Saint-Martins Entdeckung, im September 1822, ist es für Champollion in seiner *Lettre à M. Dacier* selbstverständlich, dass in der Kartusche auf dem Obelisken von Philä »Kleopatra« zu lesen sei, obwohl Champollion doch zunächst bestritten hatte, Obelisk und Sockel hätten etwas miteinander zu tun. Was kann den Sinneswandel herbeigeführt haben? Entweder machte sich Champollion die Erkenntnis Saint-Martins zu eigen oder er bekam auf einem anderen Weg Kenntnis von einer Kartusche, die nachweislich den Namen »Kleopatra« enthielt. Champollion erfuhr vielleicht von einer anderen Entdeckung Bankes'. Dieser hatte nämlich eine Kartusche gefunden, die eindeutig den Namen »Kleopatra« enthielt. In dem Ort Qūs (= Apollinopolis parva)[22] hatte er eine Tempelszene entdeckt, in der ungewöhnlicherweise die Königin *vor* dem König dargestellt ist. Der Tempel trägt, was auch ungewöhnlich ist, noch eine griechische Weihinschrift,[23] die ebenfalls eine Königin Kleopatra vor einem König Ptolemaios nennt. Die Kartusche mit dem Namen »Ptolemaios« war Bankes vom Rosettastein her bekannt, die Kartusche bei der Königin musste also als »Kleopatra« zu lesen sein. In seinem Notizbuch[24] hielt Bankes die Entdeckung fest. Er teilte sie u. a. Young mit und publizierte 1821 seinen Obelisken – das ist wörtlich zu verstehen: Bankes ließ von Belzoni den Obelisken nach England bringen[25] und stellte ihn in seinem Park in Kingston Lacy auf, wo er, inzwischen verwittert, immer noch steht.

Mit Bleistift notierte Bankes in vielen der Drucke seines Obelisken am Rand seine Auffassung, dass es die Kartusche einer Kleopatra sein müsse, auch in dem Exemplar, das ins französische Institut ging und das Champollion wohl im Januar 1822 bekam.[26] Champollion akzeptierte, dass die zweite Kartusche den Namen »Kleopatra« enthielt, und kam zu ähnlichen Ergebnissen wie Young.

Dieser Schritt der Hieroglyphenentzifferung, der Vergleich der Schreibungen von »Kleopatra« und »Ptolemaios«, ist nur *ein* Schritt, doch er wurde vermutlich schon tausendfach nacherzählt, wobei oft so getan wird, als sei das der geniale Durchbruch gewesen. Champollion (und ähnlich schon Young!) gewann jedenfalls die Überzeugung, dass es in der ägyptischen Hieroglyphenschrift auch alphabetisch benutzte Zeichen gab. Mit dieser Erkenntnis war freilich noch kein einziges ägyptisches Wort gelesen.

Champollion stellte diesen immerhin ersten wichtigen Entzifferungsschritt – eigentlich mehr als Mitteilung eines Ergebnisses – in seinem Brief an den Akademiesekretär Dacier umständlich dar. Dieser Brief datiert auf den 22. September 1822, und am 27.[27] September 1822 verlas Champollion ihn in Auszügen auf einer Sitzung der Akademie. Der Kerngedanke war die Gleichsetzung von übereinstimmenden Hieroglyphenzeichen in beiden Kartuschen:[28]

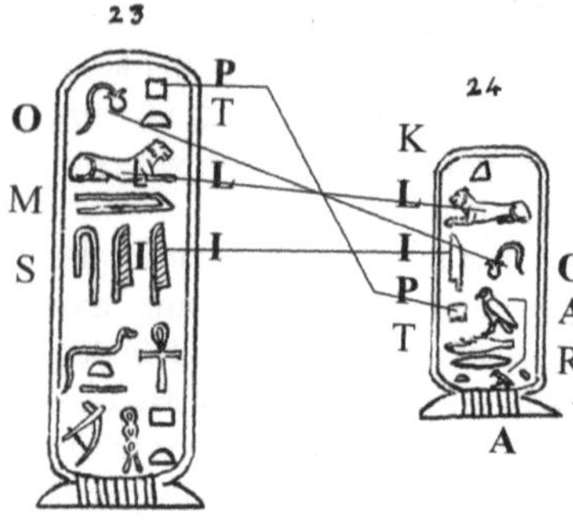

So hatte Champollion eine Anzahl hieroglyphischer Alphabetzeichen gewonnen, die er nun auf andere Kartuschen anwandte. Derart gelang es ihm, immer mehr Namen griechischer und römischer Herrscher über Ägypten zu entziffern. Der erste Name, den Champollion las und von dem nicht durch eine Bilingue vorher schon feststand, wie er zu lesen sein musste, war .[29] Die bereits verfügbaren Zeichen erlaubten die Lesung *al.si.tr.* (die Punkte stehen für ein zunächst noch unbekanntes Zeichen). Der Name musste *alksintrs* für »Alexandros« (= Alexander) sein. Vokale wurden in der Hieroglyphenschrift ursprünglich nicht geschrieben, in der griechisch-römischen Zeit wurden allerdings gewisse Zeichen für ihre behelfsweise Wiedergabe benutzt. Das ist der Grund für die vom griechischen Original teilweise abweichende und jedenfalls inkonsistente Vokalisierung.

Im Publikum der Akademiesitzung am 27. September 1822 saß auch Young. Seine Reaktion war verhalten wohlwollend, er scheint aber angenommen zu haben, dass sich einige von Champollions Vermutungen später als falsch herausstellen könnten. Champollion und Young tauschten in der Folgezeit freundliche Briefe aus, doch wurde ihre Korrespondenz in den damals herrschenden nationalistischen Konkurrenzkampf[30] gezogen, denn wenn Frankreich schon militärische Niederlagen hatte hinnehmen müssen, so wollte es jetzt erst recht die führende Kulturnation Europas sein. Auch das Verhältnis der beiden Männer zueinander und die Frage, wer denn nun als Erster was entdeckt hatte, wurde zum Spielball solcher Befindlichkeiten.[31] Doch greifen wir damit schon vor.

Ein Problem mussten unvoreingenommene Zeitgenossen an Champollions Alphabet erkennen: Es gab darin für fast jeden Konsonanten viele verschiedene Zeichen (in den Kartuschen von Ptolemaios, Kleopatra und Alexander etwa für *s* und *t*). Champollion nahm an, dass eben mehrere ägyptische Wörter, die hinter den verschiedenen Hieroglyphen stecken, alle mit demselben Konsonanten beginnen, so dass die jeweiligen ideographischen Zeichen zur phonetischen Schreibung gerade ihres Anfangskonsonanten benutzt werden konnten – auch das keine jeden zufriedenstellende Hypothese. Daher verwundert es auch nicht, dass Champollions Entdeckungen zunächst nicht nur enthusiastisch aufgenommen wurden.[32] Noch 1854 beanspruchte Gustav Seyffarth[33] in seinen Vorlesungen in New York, der wirkliche Entdecker des Schlüssels zu den Hieroglyphen zu sein, und wandte sich ausdrücklich gegen Champollions Ansatz. Seyffarth nahm das Rebusprinzip als einziges in der Hieroglyphenschrift wirksames Prinzip an. Es gibt tatsächlich Zeichen, die auf diesem Wege ihre Bedeutung bekommen haben, aber es war nicht das einzige und ausschließliche Prinzip in der Hieroglyphenschrift.

In seiner *Lettre à M. Dacier*, in der hieroglyphische Alphabetzeichen zur Schreibung fremder Namen behandelt werden und die letztlich nur ein kleiner Fortschritt gegenüber Young war,[34] deutet Champollion seine Überzeugung an, dass nicht nur in fremden Namen, sondern auch in ägyptischen die Alphabetzeichen zur Anwendung kamen.[35] Was hier noch wie eine Hoffnung formuliert ist, hatte sich für Champollion eine Woche vor seinem Brief an Dacier bereits erfüllt. Und das war ein noch bedeutsamerer Schritt als die Erkenntnis, dass die Hieroglyphen zur Notation nichtägyptischer Namen alphabetische Zeichen verwendeten. Denn was ist mit der Schreibung von ägyptischen Namen und überhaupt von ägyptischer Sprache?

In dieser Situation erhielt Champollion am 14. September 1822 Post von Jean Nicolas Huyot[36], dem Architekten des

Arc de Triomphe in Paris. Dieser hatte u. a. Ägypten bereist und Reliefs sowie Inschriften abgezeichnet.[37] Auf seinen Zeichnungen fiel Champollion eine Kartusche mit zwei Hieroglyphen auf, die er bereits als Schreibung für das *s* kannte: .[38] Die Sonnenscheibe am Namensanfang ließ sich wegen des koptischen Wortes *rē* »Sonne« entsprechend verstehen. Da die Vokale nicht entscheidend sind, musste der Name, der wie *rē.ss* aussah, »Ramses« sein, der aus der griechischen und lateinischen Überlieferung bekannt war. Und Champollion schloss weiter, dass das zweite Zeichen () für *m* stehe, was zwar falsch ist, aber zunächst funktionierte. Denn wieder andere Kartuschen, nämlich  und mit einem alternativen Alphabetzeichen für *s* (wie in »Ptolemaios«) ,[39] mussten dann, da der Ibis – auch das wusste man von griechischen und lateinischen Schriftstellern – der heilige Vogel des Gottes Thot war, *thotms* = Thutmos-is sein.[40] Als Champollion das erkannte, hatte er die ersten ägyptischen Wörter, die in Hieroglyphen geschrieben sind, gelesen, wenn auch noch nicht übersetzt. Doch damit war ihm der Durchbruch zum Verständnis der Schreibung auch ägyptischer Wörter gelungen. Am Nachmittag des 14. September 1822 eilte er in das Büro seines Bruders und rief »Je tiens l'affair!« – etwa »Ich hab's!«.

In einem Brief an Young vom 23. November 1822 konnte Champollion u. a. bereits verschiedene orthographische Varianten der Namen »Ramses« und »Thutmosis« erklären.[41] Schon ein Jahr später verfasste Champollion eine Gesamtdarstellung zur ägyptischen Schrift, die er 1824 unter dem Titel *Précis du système hiéroglyphique des anciens Égyptiens* publizierte und am 29. März 1824 dem französischen König Ludwig XVIII. persönlich übergab.

Champollion studierte nun sehr viele Texte, vor allem 1824–26 in Turin in der großen Sammlung Drovettis, die der König Beider Sizilien[42] 1824 für die Stadt gekauft hatte, und erforschte in seinem umfangreichen *Précis*[43] das ägyptische Schriftsystem.

Da es späteren Biographen unvorstellbar schien, dass Champollion niemals den Stein von Rosetta mit eigenen Augen gesehen haben sollte, vermuten manche, er habe 1824, vor dem Aufbruch nach Italien, das British Museum in London besucht. Aber verbürgt ist dieser Besuch nicht.[44]

1831 wurde für Champollion am Collège de France der weltweit erste Lehrstuhl für ägyptische Geschichte und Archäologie eingerichtet, der allerdings schon bald wieder vakant war. Denn am 4. März 1832 starb Champollion im Alter von nur 41 Jahren und fand schließlich auf dem Friedhof Père Lachaise in Paris seine letzte Ruhe.[45] Der Bruder kümmerte sich danach um den wissenschaftlichen Nachlass.

Es war ein Glücksfall, dass die Preußische Akademie der Wissenschaften in Berlin sich darum bemühte, im »Wettstreit der Nationen« den Anschluss an die neue Wissenschaftsdisziplin zu gewinnen, und Karl Richard Lepsius[46] dazu bestimmte, sich mit der Ägyptologie zu beschäftigen.

Lepsius, von Hause aus Linguist, war es dann, der nicht nur 1842–1845 eine große preußische Expedition nach Ägypten und Nubien leiten sollte, sondern überhaupt das System der Hieroglyphenschrift erfasste, indem er die bisherigen Entzifferungsansätze verglich. In seiner *Lettre à M. le Professeur H. Rosellini sur l'alphabet hiéroglyphique* von 1837 konnte Lepsius zeigen, dass Champollions System das richtige war. Lepsius korrigierte es freilich in Teilen, indem er zum ersten Mal zeigte, dass es nicht nur al-

Abb. 9 Karl Richard Lepsius (1810–1884), der Begründer der deutschen Ägyptologie, in jungen Jahren

phabetische (also Einkonsonantenzeichen) und ideographische (also Sinnzeichen) Hieroglyphen gab, sondern auch Silbenzeichen (d. h. Zwei- und Dreikonsonantenzeichen –  etwa [vgl. S. 153] ist gar nicht *m*, sondern *m+s*).

1842 brachte Lepsius ein Vollfaksimile des Rosettasteins heraus.[47] Es war nicht das erste. Schon 1822 war im Band 5 der *Description de l'Égypte* auf den Tafeln 52–54 eine sorgfältige Abzeichnung in Originalgröße erschienen. Weitere wichtige Studien waren die von Brugsch 1850 und 1851. Die erste Gesamtübersetzung aller drei Fassungen legte ein Komitee der Universität Philadelphia 1858 vor.[48]

1866[49] unternahm Lepsius eine weitere Expedition in das Ostdelta und fand im April[50] in Tanis einen anderen dreisprachigen ptolemäischen Dekretstein mit dem Priesterbeschluss von Kanopos. Das Kanoposdekret ist perfekt erhalten. Allerdings steht die demotische Fassung auf der

Seite der Stele, die noch im Boden lag, so dass zunächst nur die hieroglyphische und griechische Version zugänglich waren. Mit diesem Dekret wurde die Entzifferung der ägyptischen Hieroglyphenschrift bestätigt und fand ihren ersten Abschluss.[51]

Es dürfte klar geworden sein, dass der Rosettastein bei der Entzifferung der ägyptischen Hieroglyphenschrift nicht die überragend einzige Rolle gespielt hat, die viele ursprünglich erhofft hatten und die manche womöglich immer noch vermuten. Der Rosettastein steht mehr als Symbol für die Hieroglyphenentzifferung.[52]

Und die demotische Schrift? Auch ihr Verständnis hat im frühen 19. Jh. gewaltige Fortschritte gemacht. Bereits 1836 hat Giuseppe Passalacqua den Text eines demotischen Ostrakons in seiner Gesamtheit bearbeitet.[53] Doch wie bei dieser Tonscherbe noch nicht alles restlos geklärt ist, so ist auch bei der Hieroglyphenschrift noch nicht jede Frage gelöst. Es gibt weiterhin schwierige Texte, unbekannte Zeichen und viele Wörter, deren Bedeutung nicht oder nicht genau geklärt ist. So viel ist aber sicher: Ägyptologisches Übersetzen ist dank der vorgestellten und weiterer Erkenntnisse kein Rätselraten – und ebenso wenig von esoterischer Inspiration abhängige Entschlüsselung.

Anhang

Anmerkungen

Die Entdeckung des Rosettasteins

1 Zur Entdeckungsgeschichte des Rosettasteins: Dawson 1958; Gillispie/Dewachter 1987; Leclant 1999; Parkinson 1999.
2 Auch »Jullien« geschrieben, benannt zur Erinnerung an Thomas Prosper Jullien, den Adjutanten Napoleons in Ägypten. Der junge Offizier wurde zusammen mit seiner Eskorte am 2. August 1798 im westlichen Delta getötet, als er unterwegs war, der vor Abukir ankernden französischen Flotte den Befehl zu überbringen, sich aus der Bucht zurückzuziehen; hierzu s. Jullien 2016.
3 Der Originalbrief scheint nicht mehr erhalten zu sein. Sein Wortlaut ergibt sich aber aus der Publikation im *Courir de l'Égypte* 37. Wir legen unserer Übersetzung Dewachter 1999, 33 zugrunde.
4 Übersetzt nach Dewachter 1999, 31.
5 Regulski 2020, 218–223.
6 Ein Beispiel ist abgebildet in Dewachter 1999, 37 und 38.
7 Zu den Altertümern, die den Franzosen von den Engländern abgenommen wurden, s. Fiechter 1997.
8 Leclant 1999, 22–24. Zum Todesdatum s. www.asphor.org/le-patrimoine/les-hommes/pierre-bouchard-1-14.htm; dort auch weitere Literatur.

Der Rosettastein und der Inhalt seiner Inschrift

1 Vgl. den Überblick bei Recklinghausen 2018, 1–8.
2 Zum Aufbau der Ehrendekrete s. Klaffenbach 1957, 67–83.
3 Vgl. Clarysse 2000, 48–50.
4 Vgl. hierzu ausführlich Recklinghausen 2018, 213–215.
5 So findet es sich in den übrigen Priesterdekreten. Im Dekret von Rosetta ist das explizit zwar nicht in der Aufstellungsbestimmung verfügt, doch heißt es, dass die Stele in jedem Tempel neben der Statue des Königs aufgestellt werden soll, die ihrerseits, wie aus § 24 hervorgeht, am bestsichtbaren Ort eines Heiligtums aufzustellen war.

Das Dekret von 196 v. Chr.: die Textquellen

1 Zur Stele und ihrem Text: Bouriant 1885 (erste Publikation); Kamal 1904/05, 183–187 und Taf. 62–63; Urk. II, 166–198; vgl. Nespoulous-Phalippou 2015, 286–301 und Simpson 1996, 5.

2 Nach dem Vorbild der Stele Kairo CG 22186 (Dekret von Kanopos) darf man hier die Titulatur des Königs erwarten (Pfeiffer 2004, 30 f.).

3 Kamal 1904/05, 184 spricht davon, dass die Göttin zusätzlich zwei gerade Federn trage, doch zeigen Kamal 1904/05, Taf. LXII und das gut ausgeleuchtete Foto Eldamaty 2005, Taf. 6 deutlich, dass die Göttin tatsächlich nur eine Sonnenscheibe auf dem Kopf hat.

4 Collier 2001, bes. 37–53; die Krone drückt einen Zusammenhang mit dem Osiris-Horus-Zyklus und der Erneuerung des Lebens aus. Die Atefkrone ist nicht mit der Osiriskrone zu verwechseln (Collier 2001, 44–53).

5 Dazu, dass die Ptolemäerherrscher als Paare wahrgenommen wurden, s. Minas-Nerpel 2000, 49 f.

6 Als Grund wird angenommen, dass **N** »eine im Altertum hergestellte Reproduktion eines zertrümmerten Exemplars des Dekretes« sei (Urk. II, 167). Ob sich sowohl das Fehlen langer Passagen als auch die Verstellung kürzerer Passagen so erklären lassen, wäre unserer Meinung nach noch genauer zu prüfen. Auch müsste mit der Möglichkeit einer beschädigten Papyrusvorlage gerechnet werden. Auf jeden Fall muss im Jahr 23 dieses erste Dekret, das sich mit den Aufständen beschäftigt hat, immer noch so wichtig und grundlegend gewesen sein, dass man sich bemüßigt fühlte, es noch einmal – wenn auch in Abbreviatur – aufzustellen. Das liegt u. a. daran, dass die nachfolgenden drei Dekrete bis auf die Tatsache, dass mit dem Ersten Philädekret die Königin in den Herrscherkult integriert wird, inhaltlich nichts Neues bieten. Insofern ist das Rosettadekret die »Mutter« von drei weiteren Priesterbeschlüssen geworden.

7 Zu den eponymen Priestern (also den Priestern, nach denen das jeweilige Jahr »benannt« wurde) sowie dem ägyptischen Kalender und seiner jahreszeitlichen Verschiebung vgl. die Erläuterungen zu § 1.

8 Vgl. Recklinghausen 2018, 15 mit Anm. 68.

9 Diese und die vielen sonstigen Versehen und Zeichenverstellungen oder gar falsche Hieroglyphen und dergleichen weisen wir im Kommentar zu unserer Übersetzung nicht eigens nach.
Es ist schon vermutet worden (Nespoulous-Phalippou, 2015, 8 mit Anm. 22, wo die relevante Literatur genannt wird), dass **N** und die Stele Kairo RT 2/3/25/7 (mit dem Dekret des Jahres 182 v. Chr.) ein Paar bilden. Denn beide relativ schmalen Stelen sind auf den Zentimeter gleich hoch, aus demselben Material, und die hieroglyphischen Texte sind einmal links- und einmal rechtsläufig angebracht. Aber die mindestens ebenso auffälligen Bildfelder sind nicht symmetrisch zueinander gestaltet.

10 Zum Text: Urk. II, 166–198; Spiegelberg 1922a; Quirke/Andrews 1988; Simpson 1996 (speziell zum demotischen Text); Nespoulous-Phalippou 2015, 286–301; Gladić 2015. Vgl. auch den 3D-Scan bei Amin u. a. 2020. Griechischer Text: OGIS I 90 und CPI Nr. 126.

11 Middleton/Klemm 2003, 207–216.

12 Andrews 2001; Parkinson 1999, 19; Quirke/Andrews 1988, 3.

13 Zur Rekonstruktion vgl. S. 37 ff.

14 Parkinson 1999, 26.

15 S. zum demotischen Teil S. 42 mit Anm. 35.

16 So Habachi 1943, 390–393; Bernand, A., 1992, Bd. II, 46; Leclant 1999, 13 Anm. 28. Parkinson 1999, 26 ist zurückhaltend. Sein eigener Schluss, dass der Stein schon in zerbrochenem Zustand nach Rosetta verbracht worden sei, weil man kein anderes Fragment von **R** in diesem Ort gefunden hat, ist ein *argumentum ex silentio*. Zum Abbrechen der ptolemäischen Bautätigkeit in Sais vgl. Leclère 2008, 182 f.

17 BM EA 20 kann aufgrund seiner Inschriften dem Atumtempel von Heliopolis zugewiesen werden; vgl. Jansen-Winkeln 2014, 7 f. Nr. 16. Habachi hatte für diesen Block eine Herkunft aus Sais angenommen und war darum auch für **R** auf Sais gekommen.

18 Raue 2018, 106 (freundlicher Hinweis D. Raue).

19 Thompson 2012, bes. 106–154.

20 Diese Annahme gründet auf zwei Voraussetzungen: Erstens muss man davon ausgehen, dass die hieroglyphische Fassung des Dekretes, von der in **R** wenig erhalten ist, ursprünglich vollstän-

dig war, dass also der ganze Text des Dekretes in der Antike auch wirklich in Hieroglyphen übertragen worden war und vorlag. Es gibt keinen vernünftigen Grund, daran zu zweifeln. Es bleibt natürlich letztlich offen, ob der komplette hieroglyphische Text auch tatsächlich auf **R** stand. Die Stele **N** (s. S. 26 ff.) weist z. B. längere Auslassungen auf, was natürlich auch bei **R** der Fall sein könnte. Dagegen spricht jedoch, dass **R** aus einem wertvollen Material besteht und ungleich sorgfältiger gearbeitet ist als **N**, was sich etwa auch am perfekten Textlayout zeigt. Wir gehen daher davon aus, dass der Hieroglyphentext auf **R** vollständig war. Da der Inhalt und Umfang des fehlenden Teils im Verhältnis zum erhaltenen bekannt ist, lässt sich überschlagen, wie viele Zeilen er eingenommen hat. Eine grobe Abschätzung auf der Basis von Urk. II führt darauf, dass der komplett weggebrochene hieroglyphische Teil von **R** 12 Zeilen umfasste. Aus der Höhe der erhaltenen hieroglyphischen Zeilen von je knapp 1,8 cm ergibt sich, dass ca. 22 cm vom hieroglyphischen Schriftfeld von **R** zu ergänzen sind, wenn man davon ausgeht, dass alle hieroglyphischen Zeilen dieselbe Höhe hatten, was zu erwarten ist.

21 Das hieroglyphische Schriftsystem veränderte sich über die Jahrtausende, und jede Epoche hatte ihre orthographischen Konventionen.

22 An sich war die sich aufbäumende Schlange kein sonst als gefährlich angesehenes Zeichen. Bei der *f*- und der *ḏ*-Schlange wurde auf eine Zeichenverstümmelung verzichtet. Vielleicht muss man daher annehmen, dass der Graveur es schlicht einfacher fand, das Zeichen so zu machen, wie er es eben machte – ohne besondere Absichten.

23 *ỉrpy* statt *rpy*: Devauchelle 1986, 46. Die verkürzte Schreibung von *n3y=f* in Z. 1 ist ebenfalls unterägyptisch. – Weitere orthographische Auffälligkeiten: In den Filiationsangaben des § 1 wird altertümlich *s3.t.t* »Tochter« statt *ta* »die von« benutzt. In § 26 ist *ỉt.ṯ* »Vater« als *pr-ʿ3* »König« verschrieben, in § 28 *ỉft* »Viereck« als *ỉtf* »Atef-Krone«. Es finden sich noch mehr derartige Fehler. Ein bemerkenswerter Lapsus (vgl. im Kommentar zur Stelle) ist in § 29 die falsche Jahreszeit (*pr.t* statt *3ḫ.t*) ausgerechnet in

der Angabe des Thronbesteigungsdatums von Ptolemaios V., was in der Forschung für viel Verwirrung gesorgt hat (vgl. S. 182 Anm. 89). Im demotischen Text wurden einfache Präpositionen häufig weggelassen, was zwar nicht extrem sorgfältig, aber auch in anderen Texten nicht ungewöhnlich ist (vgl. Simpson 1996, 20). In unserer Übersetzung haben wir die Präpositionen hinzugefügt, ohne dies eigens kenntlich zu machen.

24 Die griechische Version in allen Textzeugen, also auch in **E** und **L**, zeugt von einem erfahrenen Umgang mit dem Eingravieren von griechischen Schriftzeichen, die stets nur etwa einen halben Zentimeter groß sind. Die vorhandenen Fehler – Doppelschreibung von Wörtern oder Wortteilen, Auslassungen von Buchstaben sowie die Verwechslung von ähnlichen Zeichen wie Sigma und Epsilon, Lambda und Delta – erklären sich sicherlich eher aus der Dichte und Menge des Textes, die dem jeweiligen Schreiber vorlag, als aus einer Unkenntnis der griechischen Sprache.

25 Das Kanoposdekret in seiner Version aus Tanis hat als einziges kein Bildfeld, sondern nur die Flügelsonne mit Uräen.

26 Zur genauen Rekonstruktion des Bildfeldes vgl. im Folgenden.

27 Wie unterschiedlich die Ausführenden mit der Aufstellungspraxis umgingen, zeigen z. B. die überlieferten Exemplare des Kanoposdekretes; vgl. Pfeiffer 2004, 40 f.

28 Die Rekonstruktion von **R** bei Parkinson 1999, 26 nimmt darauf keine Rücksicht. Da die Giebelfelder der Dekrete häufig die Tötung eines Feindes zeigen, nehmen wir sie hier beispielhaft nach dem Vorbild von **N** ebenfalls an. Dils/Raue 2022, 6 überzeugen auch nicht, weil sie Sais als Herkunftsort der Stele voraussetzen (dazu S. 161 Anm. 16).

29 Vgl. auch Minas-Nerpel 2000, 127–131; zur Auslassung der Soteres (= Rettergötter) ebenfalls Recklinghausen 2018, 31 f.

30 Roeder 1960, 173.

31 Nespoulous-Phalippou 2015, 8.

32 Nespoulous-Phalippou 2015, 11.

33 Freilich könnte die Darstellung einer Königin trotzdem einfach aus ägyptischer Tradition eingefügt worden sein, weil zum ptolemäischen König eben eine Königin gehörte (Minas-Nerpel 2000,

49 f.); dies wäre gewissermaßen die Idealvorstellung von einem ptolemäischen Herrscherpaar.

34 Das bedeutet nicht, dass die Stele ursprünglich schon so dünn war. Der Stein ist vielmehr so stark verwittert, dass aus der Oberfläche Stücke abgeplatzt sind.

35 Devauchelle 1986, 46 f.

36 Der Text (CPI Nr. 413) entspricht Z. 33–54 von **R**.

37 Bernand 1989, Nr. 241 = Bernand, A., 1992, Nr. 18 = Bernand, É., 1992, 3. Bernand 1989, 184, vermutet, dass es sich nicht um den Rest einer Stele, sondern einen Block aus einer Tempelwand handelt, was wir aber nicht verifizieren konnten.

38 Vgl. Bernand 1989, 188 f.; gute Abbildungen in Regulski 2022, 230.

39 Bernand, E., 1992, Nr. 17; Erstedition Fraser 1956, 56–62; jetzt CPI, Nr. 122.

40 Vgl. die Abbildung bei Fraser 1956, 56.

41 In Frasers Edition ist zwischen den als 87 und 88 gezählten Zeilen eine weitere Zeile komplett vergessen worden. Wir danken C. Crowther (CPI) für den Hinweis und einen Scan des Abklatsches.

42 Vgl. Fraser 1956, 61.

43 Zuletzt neu ediert von Recklinghausen 2018.

44 Zuletzt Recklinghausen 2018. Die Bezeichnungen »Erstes« und »Zweites« bilden nicht die chronologische Reihenfolge ab, sondern die Platzierung auf der Tempelwand des sog. Mammisi (Geburtshaus) von Philä: Auf der linken, damit europäisch gedacht ersten Seite steht das jüngere Dekret (Philensis I; das »Erste Philädekret«), auf der rechten das ältere Dekret (Philensis II; das »Zweite Philädekret«).

45 Vgl. Recklinghausen 2018, 36 und 146.

46 Ediert von Nespoulous-Phalippou 2015.

Die drei Fassungen des Rosettadekretes

1 Vgl. Engsheden 2003.

2 Zum besseren Textverständnis haben wir allerdings Artikel in unsere Übersetzung eingefügt.

3 Da zudem in **R** das Zeichen *ḫ* ständig für *pr* in *prỉ* eintritt, was am

leichtesten auf eine Verwechslung der beiden Zeichen in der Hieroglyphenschreibschrift, dem sog. Hieratischen, speziell im 2. Jh. v. Chr. zurückzuführen ist (vgl. Möller 1936, 32 Nr. 340B und 342), mag die Vorlage des hieroglyphischen Teils des Dekretes hieratisch geschrieben gewesen sein. Hieratisch wurde von rechts nach links geschrieben.

4 Zugrunde gelegt ist der Übersetzung von **g** die Ausgabe von OGIS I 90, die auf **R** basiert, mit wenigen Ergänzungen nach der Parallele von **E** in der Ausgabe von Bernand, A., 1992, Nr. 16.

5 Vgl. zum Problem der sprachlichen Einordnung des Makedonischen Engels 2011, 93 f.

6 Vgl. Clarysse/Thompson 2006, 125.

7 Simpson 1996, 22–24 fasst die bisherige Forschungsgeschichte zum Thema knapp zusammen.

8 Wenn Simpson 1996, 21 *n-ḏr.t* in der Bedeutung »während, da« (»whereas«) für einen griechischen Einfluss hält, so übersieht er, dass diese Bedeutung sehr wohl auch außerhalb der Dekrete belegt ist (Spiegelberg 1975, §§ 510–513). In **d** konnte man keine andere kausale Konjunktion (wie z. B. *ḏd*) nehmen, weil solche Kausalsätze im Demotischen *hinter* dem Hauptsatz stehen. Wenn man die Dekretstruktur beibehalten wollte, dann brauchte man eine Konstruktion, in der der Nebensatz eben *vor* dem Hauptsatz steht. Und da kommt nur der Temporalis infrage. Hierin, in der Nachahmung der Grundstruktur, sehen wir den griechischen Einfluss – denn die Gattung des Ehrendekretes und ihre Struktur sind griechisch.

9 Zur Frage nach dem Zustandekommen der drei Versionen vgl. Clarysse 2000, 52–62.

Übersetzung

1 Alle diese Zusätze betreffen stets die Fassung in *einer* Sprache. Wir haben folglich nicht Lücken z. B. des hieroglyphischen Textes durch die griechische Version gefüllt, wie es beispielsweise Roeder 1960, 167–190 macht.

2 Ein minimaler Rest der Tageszahl ist auf dem Faksimile von Quirke/Andrews 1988 zu sehen.

3 Vittmann 2014 versteht »Ruhm«, als wäre es *md.t-pḥ.ṯ*. Da hier aber eben nicht das Abstraktum und in **h** eindeutig »Kraft« steht, übersetzen wir wie Simpson 1996, 259 und 2005, 57.

4 Lies *iw=f di.t n3.nfr=f*. Subjunktivisch gebrauchte Adjektivverben haben kein Präfix *n3-*. Das *n3* ist daher eine zusätzliche phonetische Schreibung des wortanlautenden *n* von *nfr*.

5 Zur Lesung als Plural *n3y=f* s. Vittmann 2014 sowie z. B. **d** 22 oder Urk. II, 199,11.

6 So mit Vittmann 2014. Aus *mr-it=s* ergibt sich, dass *w* hier das Possessivsuffix und nicht die Pluralendung ist.

7 Wörtlich etwa »Gutheit«. Das kann auch »Vollkommenheit« oder »Güte« meinen.

8 Erscheint im Faksimile von Quirke/Andrews 1988 wie *3s3tws*.

9 Der Nominativ in **g** ist deutlich ein Irrtum des Übersetzers, der die Konstruktion der langen Titelreihe missverstanden hat; vgl. Sethe 1916, 300.

10 Sethes (Urk. II, 172,9) Verständnis des Zeichens als *r* halten wir für unzutreffend. Nach Wb I, 40–41 ist *m* oder *n* als Präposition nach *(i)ꜥb* zu erwarten. Der waagerechte Strich in **N** 8 ist daher ein *n*.

11 Vittmann 2014 spricht sich gegen Simpsons 1996 Auffassung als genitivische Anknüpfung aus, muss aber *n3* vor *i.ir ḏd* ergänzen. Dabei ist zudem zu bedenken, dass nicht einfach *n3* ausgefallen sein kann, da *n3 i.ir* als *n3.w ir* geschrieben sein sollte. Simpson 2005, 57 bleibt beim Genitiv.

12 Die in **g** sperrige Formulierung ist wohl direkt aus dem Demotischen übersetzt; vgl. Sethe 1916, 303.

13 Wegen des Determinativs eher eine kurze Schreibung von *grḥ* als von *gr* »schweigen, ruhig sein«.

14 Gleichzeitig zu seinen Wohltaten, also eigentlich Vergangenheit. Er ist es aber immer noch, daher übersetzen wir hier präsentisch.

15 Ergänzung [*r w3ḥ=f ir hy ꜥ*]*š3y* nach Simpson 1996, 260.

16 Spiegelberg 1922a, 93 Nr. 83 versteht *3f.t* als Verschreibung für *fq3.w* »Geschenke«. Wir fragen uns, ob *3f.t* auch für *3fy* »Ertrag« (Wb I, 9,16) oder *f3.t* »Ertrag« (Wb I, 574,11 f.) stehen könnte.

17 Vielleicht *wn … ỉp*. Nespoulous-Phalippou 2015, II, 289 mit Anm. 651 diskutiert die Stelle und erwägt unter großen Vorbehalten u. a. eine Auffassung als *wn ỉsp* »die aushungerten«.

18 Wir lesen mit Nespoulous-Phalippou 2015, II, 289 *r ỉry.w=sn*, fragen uns aber, worauf Sethe in Urk. II, 175,1 seine Textwiederherstellung eigentlich gründet.

19 Nach einem Vorschlag von J. F. Quack verstehen wir Existenzsätze mit substantivierten Relativsätzen und lesen *bš* statt *qš*.

20 So nach einem Vorschlag von J. F. Quack.

21 Wir vermuten wie Simpson 1996 eine Schreibung/Verschreibung für *hꜣ ỉr [pr-ꜥꜣ]*.

22 Das Wort λαός hat für Diskussionen gesorgt, weil hiermit auch die Volksmenge, gar die bäuerliche Bevölkerung gemeint sein kann. Da λαός aber seit homerischer Zeit auch das Heer bezeichnet und die ägyptischen Versionen diese Lesung bestätigen, sind unserer Ansicht nach auch in **g** die Streitkräfte gemeint.

23 Die Pluralstriche und das sitzende Männchen sind überflüssig und wohl zu tilgen.

24 Verstehe in Parallele zu Urk. II, 173,8 *r-ꜣw=s⟨n⟩*. Ohne Emendierung würde sich *r-ꜣw=s* auf das Amt beziehen.

25 Wörtlich »gab … zur Erde«. D. h., der König verzichtet auf die Steuerrückstände.

26 Die Steuerrückstände, die dem König noch geschuldet werden.

27 Die Zeichenreste lassen sich am ehesten als *ḏr-ntt* »weil« lesen. Aber es müsste dann mit einem Satz weitergehen. Ob eine Verschreibung für *wnn* »derjenige, der ist« anzunehmen ist? Diese Alternative ist der Übersetzung zugrunde gelegt.

28 Vielleicht »im Verbringen einer langen Zeit« (*rr* oder *tr*).

29 Hier wird tatsächlich derselbe Ausdruck verwendet wie für den Erlass von Steuerrückständen.

30 *sḫ.t* (das charakteristische Determinativ ist beim Zeilenwechsel vergessen worden; vgl. Wb IV, 229–231) *n ḥsp*.

31 Der Originaltext fällt hier aus der Konstruktion.

32 Vorläufig haben wir mit den bisherigen Herausgebern *mḥt* gelesen. Aber die Schreibung ist dafür nicht ganz in Ordnung, da das Verb *mḥṯ* geschrieben sein sollte.

33 Nämlich die verschiedenen Arten von Besitz.

34 Entweder *mḥ.tw* »gefasst wird« oder Verschreibung für *šd.tw* »genommen wird«.

35 Wörtlich »ihre Steuer (des) Priesterseins«.

36 Die bisherige Lesung *ʿ(.wy)* wird von Quack 2013, 252 mit Anm. 138 infrage gestellt.

37 Die Zeichen hier sind sehr undeutlich. Das *p*, das Sethe gesehen hat, ist aber auf dem Foto gut erkennbar. Das größere Zeichen (teils davor, teils darunter) wäre wohl eine halb hieratische Form der fassenden Hand (vgl. Möller 1936, 10 Nr. 114). Alles würde dann für *kꜣp* »fangen« (Wb V, 105,4) sprechen, das zwar seinerseits nicht ganz sicher ist, dessen Ansetzung aber durch eine Verbindung mit *k(ꜣ)p.w* »Vogelfänger« (Wb V, 105,3) und **d** gestützt wird. Vgl. auch Daumas 1952, 61 und Erichsen 1954, 578.

38 Wb IV, 171,1 liest *snḫ.tw* »Unordnung«(?), was sich vielleicht als *sni-ḫwd* »Auslassung« > »Mangel« (vgl. Wb III, 250,1 f.) etymologisieren lässt (Vorschlag J. F. Quack). Es wird kaum eine verderbte Schreibung für *snḥ* »Unordnung« (vgl. Wb IV, 169,3 *snḥ* »verkehrt sein«) vorliegen.

39 So Urk. II, 178 Anm. 1; Spiegelberg 1922a, 80 vermutet »zum Nutzen«, sagt aber nicht, zu welchem Ausdruck er die offenbar verderbte Stelle wiederherstellen will.

40 In der syntaktischen Auffassung als Umstandssatz folgen wir Simpson 1996, 260 f. und 2005, 58.

41 Eigentlich Plural.

42 Im Text steht μάχιμοι, was in der zeitgenössischen griechischen Dokumentation für gewöhnlich der Begriff für die »ägyptischen Soldaten« des Ptolemäerheeres ist. Zwar weist Fischer-Bovet 2014, 96 f. darauf hin, dass nicht nur indigene Truppen mit dem Begriff bezeichnet werden müssen, doch ist es an vorliegender Stelle auch deshalb logisch, an ägyptische Soldaten zu denken, weil »Griechen« die erklärten Gegner der Aufständischen waren, diese Soldaten sich also schwerlich an den Erhebungen beteiligt haben. Im Text selbst verschweigen die Priester zudem durchwegs, dass die Aufständischen Ägypter waren, weil natürlich aus Priesterperspektive die Ägypter wohlgesonnene Untertanen des

guten Pharao Ptolemaios, die Aufständischen dagegen Verschwörer und Gottlose waren.

43 Zu dieser im Griechischen durchaus problematischen Stelle Armoni/Jördens 2018, 88–99 mit Übernahme ihrer Übersetzung.

44 Gemeint sein könnte damit »gegen sie (= die Feinde)« oder »dafür (= die Verteidigungsmaßnahmen insgesamt)«. »Für sie (= die Truppen)« erscheint in Hinblick auf die vergleichbare Konstruktion in § 16, wo keine Truppen genannt sind, wenig plausibel.

45 Möglich ist, weil die Präposition *wbꜣ* doppeldeutig ist, auch »dafür« (vgl. Erichsen 1954, 84 f.).

46 Die Dittographie beim Zeilenwechsel könnte mit dadurch verursacht worden sein, dass das Verb »ziehen« (*šꜣs*) und der Name der Stadt Lykonpolis (in **d** *škꜣn*) gleich anlauteten. Roeder 1960, 180 versteht *r ḫnty* und sieht in Letzterem eine Bezeichnung für Lykonpolis. Er übersetzt daher »nach Lykonpolis«. Unserer Übersetzung liegt eine Auffassung als *r-ḫnt* »nach« zugrunde. So auch Nespoulous-Phalippou 2015, II, 292.

47 *ʿrq-wr* ist griechisches ἄργυρος; vgl. Wilson 1997, 167 f.; Daumas 1952, 32.

48 Ein Ausdruck für »in (großer) Menge«.

49 Sethe ergänzt in Urk. II, 181, 6–7 den vorderen Teil der Auslassung so: »⟨(und) Pferde an die Mündung dieser Flussläufe, um sie zu bewachen (und) um sie unversehrt sein zu lassen.⟩«

50 Wir vermuten in dem ersten Wort der Zeile **N** 22 *ʿn.t* (Wb I, 188,11). Der Vorschlag von Nespoulous-Phalippou 2015, II, 293 mit Anm. 663 (»lange Periode«) berücksichtigt unserer Ansicht nach zu wenig, dass in ägyptischer Texttradition der Sieg eines Königs doch nicht lange auf sich warten lassen kann.

51 Wörtlich: »Er machte sie in einem großen Gemetzel.« Wir verstehen mit Kamal 1904/05, 186 *ʿḏ* (= *ʿḏ.t*).

52 Das fragliche hohe Zeichen als gespiegelte *šw*-Feder zu verstehen erscheint uns am einfachsten. So lassen sich erstens alle Zeichen erklären, zweitens überreicht in der Vignette der Stele **N** ein Gott mit Schu-Feder auf dem Kopf dem König das Siegesschwert.

53 Schu wird so häufig als Sohn des Sonnengottes Re bezeichnet (vgl. Junker 1911, passim), dass wir es vorziehen, hier keinen Gott

Schu-Re o. Ä. anzunehmen, der bisher auch nur ein einziges Mal und nur in der Verbindung Onuris-Schu-Re belegt ist (LGG I 381). Wir verstehen die Zeichen vielmehr als , *šw sꜣ rꜥ* »Schu, Sohn des Re«. Das Ei ist beschädigt und unserer Meinung nach bisher zu Unrecht als Ideogrammstrich aufgefasst worden.

54 Zum Wort vgl. Vleeming 1987, 156–162.

55 Der demotische Name der Stadt kommt auch im Papyrus Kairo CG 31169 x+2.13 als *šgꜣn* vor; vgl. de Cenival / Yoyotte 2012, 251 u. 278 f.

56 Oder »des Befehls«. Entgegen Simpson 1996, 263, Hoffmann 2000, 168 und Simpson 2005, 58 steht das Wort im Singular.

57 Vgl. die Diskussion von Simpson 1996, 133.

58 Wörtlich »zu viel Erdboden«.

59 An dieser Stelle erst setzt die hieroglyphische Fassung des Rosettasteins ein.

60 Quirke/Andrews 1988, 12 haben *nkn=sn* »sie schädigten« verstanden. In der Auffassung des ersten erhaltenen Zeichens als *ẖꜣb* () und der Lesung der ganzen Stelle als [*r* (= *ỉw*)] *ẖꜣb.w*[*t*] *m ỉdb.w-ḥr* folgen wir dagegen Birk 2021. Das Zeichen ist bei Lepsius 1842, Taf. 18 deutlich.

61 Wir folgen vorläufig Sethes Textauffassung (Urk. II, 183,5).

62 Wörtlich »im Geben aufs Holz«.

63 Nämlich der Aufständischen bzw. des Heeres.

64 Das *n* in *pꜣ myt n pr-ꜥꜣ* ist wie ein *r* schräggestellt.

65 Wörtlich »(mit) dem Holz töten«.

66 Also die dem König geschuldeten Steuerrückstände.

67 Ob ⟨*r*⟩*ẖt* zu lesen ist? Oder ist verderbtes *ḥsb* »Berechnung« o. Ä. zu verstehen?

68 D. h., die zulasten der Tempel noch ausstanden.

69 So mit Vittmann 2014.

70 Die Übersetzung von τὸν δειγματισμὸν διάφορα mit »Unkosten/Abgabe für Musterstücke« folgt dem Gebrauch der Papyrusurkunden (vgl. Otto 1908, 312; Preisigke 1924, 321).

71 *ỉr=sn* ist Archaismus für *ỉr=w* »man machte«, den zeitgenössischen Ausdruck des Passivs »gemacht wurde«.

72 *ꜣ.t* (das erste Zeichen ist der Nilpferdkopf; von Quirke/Andrews 1988, 13 richtig gesehen) *nb*.

73 Oder nach einem Vorschlag von J. F. Quack mit der Auffassung von *ʿq* als Verschreibung für *ʿqꜣ*: »Sein Herz war korrekt bei ihrer Angelegenheit.«

74 Nämlich mit der Erde; gemeint ist also die Bestattung.

75 Sethes Ergänzung (Urk. II, 186,1) »Plan (und) Ordnung in den Tempeln und alle großen Dinge des Glänzenden (Landes)« nach Philensis II 7 (= Urk. II, 221,2) kann so nicht ganz stimmen, da sich der hieroglyphische Text im Philädekret noch anders fortsetzt und dort die demotische Fassung als Parallele zum hieroglyphischen Text verloren ist, so dass es problematisch ist, die beiden Textstellen zusammenzubringen. Das von Sethe gewählte Wort für »Ägypten« ist an der Philensis-Stelle nicht erhalten. So muss man sich fragen, ob die beiden Stellen wirklich enge Parallelen zueinander sind.

76 Das ist der Tempel, in dem der neue Apis eingeführt (*sẖn*) und installiert wird.

77 Lies mit Spiegelberg 1922a, 53 und Vittmann 2014 *wḫꜣ*⟨=*w*⟩.

78 Zur Auffassung als Plural vgl. Quirke/Andrews 1988, 19 (15 aber Singular!) und Vittmann 2014.

79 Das meint »für ihre großen und ehrenvollen Bestattungen«. In dieser Auffassung der Stelle folgen wir Vittmann 2014.

80 Das demotische Verb *ṯꜣi* wird konventionell mit »nehmen« übersetzt. Tatsächlich bezeichnet es aber den Vorgang des Mitnehmens weg von der Position des Sprechers wie das englische »to take«, während *ỉnỉ* »bringen« denselben Vorgang hin zur Position des Sprechers bezeichnet. An der vorliegenden Stelle wird über den König berichtet, so dass der Vorgang gänzlich von der Sprecherposition unberührt bleibt. Aus dem Zusammenhang ist klar, dass der König etwas an die Tempel liefert. Entsprechend haben wir auch *ỉṯỉ* in **h** übersetzt.

81 Aus dem Zusammenhang erschlossen. Vgl. vielleicht Wb III, 469,2 »etw. in die Hände nehmen«. Spiegelberg 1922a, 82 und Vittmann 2014 haben »was man für ihre Tempel bezieht(?)«. Quirke/Andrews 1988, 19 haben »which occured for them«, was aber das Subjekt =*w* nach dem Relativkonverter unerklärt lässt. Wie wir übersetzt Simpson 1996, 265 und 2005, 59.

82 Vgl. zum demotischen Ausdruck auch Pfeiffer 2004, 83 f.

83 Wir folgen mit der Lesung *di=f mnq=w s (n) wpe.t* Simpson 1996, 264.

84 Sethes Ergänzung (Urk. II, 187,1) »Und so ist Seine Majestät mit dem Herzen eines wohltätigen Gottes vor den Göttern.« nach **N**, Z. 11 kann allenfalls grob richtig sein, stimmen doch die demotische und die griechische Fassung der Vergleichsstelle nicht mit der hier betroffenen hieroglyphischen Zeile überein (vgl. Urk. II, 174,2).

85 Vgl. Recklinghausen 2018, 59 und Anhang A, 11, wodurch Sethes Lesung *st* zu *sp* korrigiert wird.

86 Wir ergänzen nach der Parallelstelle im Zweiten Philädekret, Z. 7 *ḥr nḏ sp.w nfr.w gs.w-pr.w?*; vgl. Recklinghausen 2018, 59 f. und Anhang A, 11. Da im Philädekret auch in der demotischen Fassung die Tempel nicht erwähnt werden, in der demotischen Version des Rosettadekretes aber sehr wohl, werden die Tempel auch in **h** gestanden haben. Ob es freilich genau das Wort *gs.w-pr.w* gewesen ist, das Sethe ergänzt, oder ein anderer Ausdruck für »Tempel«, muss offen bleiben.

87 Sethes Ergänzung (Urk. II, 187,3) *n md(.t)-nb-wꜥ* »der Alleinherrschaft« ist nicht durch die Parallele im Zweiten Philädekret gedeckt. Auch passen die Spuren auf dem Rosettastein (drei waagerechte Striche übereinander) nicht recht zur angenommenen Wiederherstellung. Quirke/Andrews 1988, 12 vermuten daher in dem sichtbaren Zeichen *iry* »davon«. Man könnte sich einen Wortlaut wie »in der (richtigen) Art] davon« vorstellen.

88 »Herz«, das hier stehen muss, ist zu »Auge« verschrieben, was im Demotischen sehr ähnlich aussieht.

89 In Übernahme des Vorschlags zur Übersetzung von τιμιώτατα bei Spiegelberg 1922b, 183.

90 D.h. »aller Tempel«. Lies mit Quirke/Andrews 1988, 12 *mi* ꜥ[*šꜣ*]=*sn*. Nesopoulous-Phalippou 2015, II, 296 schlägt kommentarlos *mi* [*qd*]=*sn* »ganz« vor.

91 Wir verstehen die Stelle wie Urk. II, 188,7, denen Nespoulous-Phalippou 2015, II, 296 folgt. Quirke/Andrews 1988, 12 denken, dass das halb zerstörte Zeichen, das Sethe als *ir* auffasst, lediglich

ein *r* sei und als Komplement zu *sḫpr* zu ziehen sei. Dagegen spricht aber die völlig parallele Formulierung im Ersten Philädekret, Z. 7, wo *ỉr* klar erhalten ist (Recklinghausen 2018, Anhang A, 31).

92 Wörtlich »sie (nämlich die Ehren) zu vergrößern«.

93 Vermutlich ist mit Spiegelberg 1922b, 6 f. in der Lücke statt nach dem Beispiel anderer Dekrete »alle Ehren« (τ[ίμια πάντα]) die »höchsten Ehren« (τ[ιμιώτατα]) zu ergänzen (vgl. **h** und **d**).

94 Hier wird ein Ausdruck verwendet, der wörtlich »die, die man eintreten lässt« (*sꜥq.w*) bedeutet. Die schließende Klammer in *sꜥq(ꜣ).w* hat Sethe in Urk. II, 190,4 irrtümlich von Philensis I 9 übernommen. Für die Lesung hat Spiegelberg 1922a, 94 Anm. 103 *ꜥꜣ-ꜥq* ins Spiel gebracht. Recklinghausen 2018, 135 hat in Philensis I 9 kommentarlos *ꜥq.w* »(Priester), die eintreten« gelesen. Nespoulous-Phalippou 2015, II, 297 mit Anm. 674 hat das Wort ausführlich diskutiert, dabei aber nicht gesehen, dass eine von *ꜥqꜣ* beeinflusste Schreibung des Wortes *ꜥq* vorliegt; vgl. Leroux 2018, 11 f. (Hinweis R. Birk).

95 Das *h* (fälschlich nach dem Sonnendeterminativ) ist auf dem Faksimile von Quirke/Andrew 1988 und dem Scan von Amin u. a. 2020 klar. Hier irrt Sethe (Urk. II, 190,5).

96 Die Konstruktion, die wörtlich »zusammen mit dem Machen eines Gebens-von-(Kult-)Zurüstung(en) vor sie« lautet, wirkt nicht sehr vertrauenserweckend. Vielleicht ist nur »geben« zu verstehen und *ỉrỉ* »machen« als vermischende Schreibung der beiden Verben in den Text geraten (vgl. Quack 2015, 452).

97 *ỉr.ty=sn* ist eine Schreibung für *ỉr=sn*, wie sich aus Urk. II, 227,3 ergibt. So wie wir versteht auch Engsheden 2003, 61 f. Beispiel 25 die Stelle.

99 Zu dieser Übersetzung vgl. Quack 2004, 15.

99 Gemeint ist: die Priester oder »man«.

100 Das meint, wenn man sie bei einer Prozession ausführt.

101 Spiegelberg 1922a, 57 transkribiert stillschweigend (*n*) *rn=w*. Dies scheint uns tatsächlich vom Text gemeint zu sein, das Suffix fehlt aber. Wir verstehen daher (*n*-)*rn*⟨*=w*⟩ – so wohl auch Simpson 2005, 59 (»the named days«). Simpson 1996, 266 dage-

gen dachte an *hrw.w (n) rn* »Namenstage« = »eponyme Tage«. Da **h** aber einen Singular hat, halten wir es für wahrscheinlicher, dass eher ein allgemeiner Ausdruck schwankenden Numerus zeigt als ein Wort für ein Namensfest. Dieselbe Unsicherheit im Numerus zeigen auch Urk. II, 227,5 und 207,10, wo in **h** der Singular, in **d** der Plural steht. Mit »den nämlichen« Festtagen könnten nach Recklinghausen 2018, 138 (q) die im Dekret beschlossenen gemeint sein. Oder handelt es sich um einen Ausdruck für »alle einzelnen Tage«?

102 Der bestimmte Artikel zeigt, dass »der« Schrein ganz selbstverständlich zu der Statue gehörte. Andernfalls hätte man ja »mit *einem* Goldschrein« gesagt.

103 Nämlich als Statuen in ihren Schreinen bei Prozessionen.

104 *wnw.t* (Wb I, 317,11).

105 Das Haus des Ptah ist der Tempel des Ptah. Das Zeichen für »Haus« ist im Rosettastein, der als einziger der hieroglyphischen Textfassungen diese Stelle erhalten hat, gut erkennbar. Aber im Innern des Hauszeichens befinden sich zwei kleine Zeichenandeutungen, deren Lesung zunächst nicht einsichtig ist. Fasst man sie als Determinative (*t* über Haus) auf, wäre »Haus des Ptah« gemeint. Ein Verständnis als »Haus der Ka(-Lebenskraft) des Ptah«, eine Bezeichnung für Memphis, liegt freilich nach **d** und **g** nahe. Die fraglichen Zeichen müssten dann z. B. ein völlig verschriebenes *kꜣ* + ein Strich sein. Was uns zögern lässt, den Text so zu verstehen, ist die Tatsache, dass das etwa von Recklinghausen 2018, 148 (j) vorausgesetzte Ka-Zeichen in der Angabe des Krönungsortes von Ptolemaios V. in der Parallelstelle im Ersten Philädekret, Z. 11 (Urk. II, 209,6; Recklinghausen 2018, II, Anhang B, 69) auch nicht vorhanden ist. Und schließlich ist bei Lepsius 1842, Taf. 18, Quirke/Andrews 1988 und Amin u. a. 2020 *t* über kleinem Haus gut erkennbar.

106 Zum Wort vgl. die Diskussion von Recklinghausen 2018, 149 f., wo er sich für ein maskulines Wort *qnb* »Ecke« ausspricht. Auf S. 146 übersetzt er aber »Platte«. Die hieroglyphische Wiedergabe auf S. 150 können wir auf dem Foto im Anhang B, 69 nicht nachvollziehen. Wir sind zudem nicht sicher, ob das *p* für den Artikel

pꜣ steht, wird doch der bestimmte Artikel in **h** auffällig vermieden. Auch die Lesung ist uns nicht nachvollziehbar. Nespoulous-Phalippou 2015, II, 299 versteht kommentarlos *ḥp.t* »Ecke«. Unsere Übersetzung »Viereck(?)« ist ein Vorschlag nach **d** und **g**.

107 Lies *ḥp.w*.

108 Das ist eine Bezeichnung des Königs, die z. B. auch in der Titulatur von Ptolemaios V. in der Datierung (§ 1) vorkommt.

109 Da bei *hrw* das *h* ausgeschrieben ist, übersetzen wir »der (heutige) Tag« (koptisch ⲡϩⲟⲟⲩ) und nicht das etymologisch daraus entstandene »heute« (koptisch ⲡⲟⲟⲩ).

110 **E** hat »(Gold-)Kronen« mit dem Goldzeichen als Determinativ (vor der Pluralendung).

111 *ḫpr mtw=f (pꜣ) r.ẖꜥ*. Zur Konstruktion vgl. beispielsweise Papyrus Spiegelberg 1.16. Dass es auch ohne Artikel geht, zeigt etwa Papyrus Spiegelberg 1.7 (*ḫpr mtw=f nty dỉ.t* ...).

112 **R** lässt hier den bestimmten Artikel, der in **E** erhalten ist, fort.

113 In **R** ist *ỉft* »Viereck« zu *ỉtf* »Atefkrone« verschrieben; in **E** ist nur der Wortanfang *ỉ*[... erhalten.

114 Recklinghausen 2018, 146 hat fälschlich »mittig zu«. Dabei verwechselt er das feminine Wort *mtr.t* »Mitte« (Erichsen 1954, 191) mit dem maskulinen *mtr* »Gegenwart« (ebd.), das an der vorliegenden Stelle steht.

115 Die Syntax ist ungewöhnlich, da die langen adverbialen Bestimmungen vor den Akkusativobjekten stehen.

116 Auf dem Scan Amin u. a. 2020 ist *wꜥ.t*, das bereits Simpson 1996, 268 gelesen hat, eindeutig. Die Auffassungen von Spiegelberg 1922a, 94 (107) (*nꜣ ꜥrꜥy.w*) und Vittmann 2014 (*⟨wꜥ.t nry.t⟩* *{nꜣ ꜥrꜥy.w}*) halten wir daher für unzutreffend.

117 Wörtlich »im Westen«.

118 In der Lacuna OGIS I 90,43 ist mit Sethe 1916, 313 [κατὰ τὸν ἐθισμόν, ἀντὶ] zu lesen.

119 Gemeint ist der übliche Uräenfries, der im vorliegenden Fall durch einen Fries von Königskronen ersetzt wird, wobei jede Krone mit einer schützenden Uräusschlange versehen ist.

120 **E**, Z. 12 zeigt, dass die Lücke in **R** mit φυλακτήρια χρυ[σοῦ, δι' ὧν διασαφήσεται δι]ότι zu ergänzen ist.

121 Wörtlich »existiert, indem er als Erscheinungsfest … festgesetzt war«.

122 In **d** ist hier versehentlich die Jahreszeit eingesetzt worden, in der das Dekret erlassen wurde. Zur Festlegung des Thronbesteigungsdatums vgl. in den Erläuterungen S. 182 Anm. 89.

123 Die Schreibung der Präposition *n.im=* ist reduziert.

124 Vielleicht eine **g** entsprechende Formulierung, wo die Bestimmungen infinitivisch formuliert sind. Der demotische Infinitiv (*ir*) kann den Imperativ, der vom hier vorliegenden Verb *i.iry* lauten sollte, vertreten. Alternativ ist mit einer größeren Auslassung zu rechnen: ⟨*my*⟩ *ir*⟨=*w*⟩ »⟨Möge man⟩ begehen«.

125 Simpson 1996, 270 und Vittmann 2014 vermuten (*n*) *ʿ3*, was Simpson 1996, 271 und 2005, 60 mit »as a surplus(?)« wiedergibt. Quirke/Andrews 1988, 15 und 22 dagegen haben *šb?* »offerings«. Tatsächlich ist nach der Parallele im Raphiadekret, Z. 40 (*r-*)*ḥr* zu lesen (Gauthier/Sottas 1925, 63–64).

126 Der Graveur der Stele hat an den Singular *p3 irpy* noch die Pluralendung gehängt.

127 In Anlehnung an das griechische Fragment des Raphiadekretes (Bernand, A., 1992, fr. B, Z. 47–51 [entspricht Z. 12–15 bei Gauthier/Sottas 1925, 70]: καὶ τὰ παρασκευασθέντα εἰς τὴν θυσίαν ἐπιδιαιρεῖσθαι πᾶσιν τοῖς τὸ ἱερὸν θεραπεύουσιν) ergänzen wir die Lücke, die Raum für ca. 30 Zeichen bietet, mit προθέ[σεις ἐπιδιαιρεῖσθαι πᾶσιν τοῖς πα]ρεχομένοις. Unterstützung findet diese Annahme durch die weitestgehend übereinstimmende Formulierung der demotischen Fassungen von Raphia- und Rosettadekret (vgl. Gauthier/Sottas 1925, 40 und 63–64 zu Z. 40) sowie den hieroglyphischen Text. Vgl. auch im Alexandriadekret von 243 v. Chr. (El-Masry u. a. 2012, 138 und 140–141), wo wir im demotischen Text *(r-)ḥr* statt *(n) w3ḥ* lesen würden.

128 Nur in **E**.

129 Text nur in **E** teilweise erhalten. Er weicht aber von Sethes Ergänzung in Urk. II, 196,7 (»auf ihre Urkunden«) auf der Grundlage von Philensis I 15 ab. Recklinghausen 2018, 162 f. (d) diskutiert den Ausdruck. Nespoulous-Phalippou 2015, II, 300 Anm. 678 schlägt fragend vor, den Text zu *ḥr dp-rd nb n.w*

ḫtm(.wt)[=*sn*] zu emendieren und »gemäß allen Vorschriften [ihrer] Urkunden« zu übersetzen. Tatsächlich könnten die »Sachen« durch eine mechanische Übertragung des demotischen Ausdrucks für »Urkunde« (*ḏlʿ-md.t*, wörtlich »Wort[e]/Sache[n] sammeln [= protokollieren]«) zustande gekommen sein (Hinweis R. Birk).

130 Ein unklares Zeichen (ist *iry* »gehörig zu« gemeint oder ein Gottesdeterminativ?), dann ein getilgtes Schriftquadrat (Unterägyptische Krone für *n*?). Der Text mag wohl »zu ihrer Hand gehöriges Siegel« oder »Siegel ihrer Hand« bedeuten. Die Stelle ist in der Parallele im Ersten Philädekret nicht erhalten. Nespoulous-Phalippou 2015, II, 300 versteht *ḫtm* [*ḥr?*] *ḏr.t=sn*, was sie aber leicht inkorrekt als »Siegel [von (statt ›an‹)] ihrer Hand« übersetzt. Außerdem würde man die Nisbe *ḥry* anstelle der Präposition erwarten.

131 Da es sich um eine Zusammensetzung mit *gy* handelt, ist eigentlich der abstrakte Vorgang der »Beurkundung« gemeint.

132 Nach Sethe 1916, 314, ist in der Lücke sicher ἐγκολάψαι statt προσεγκολάπτεσθαι (so OGIS I 90,51) zu ergänzen.

133 Die Lücke ist, wie Sethe selbst in Urk. II, 197 Anm. c–d gesehen hat, zu kurz für die ganze Ergänzung. Ein Teil des Textes bis einschließlich *ḫt.tw* »soll graviert werden« im nächsten Abschnitt muss also in **R** gefehlt haben und müsste in spitzen Klammern stehen. Da aber unklar ist, was gefehlt hat, setzen wir der Einfachheit halber nur eckige Klammern.

134 Im Text wird eine alte Bezeichnung der im Norden von Ägypten lebenden Völker verwendet, *ḥꜣ.w-nb.w*. Im Laufe der Zeit, als sich der geographische Horizont der Ägypter ausdehnte, meinte man damit die in der Ägäis ansässigen Völker und schließlich die Griechen.

135 *ʿꜣ.t rwḏ.t* wird von Wb I, 165,19 als »schwarzer Granit« übersetzt. Das ist unserer Meinung nach allerdings zu eng. Wir folgen lieber der wörtlicheren Übersetzung »harter Stein«, wie sie auch in Wb II, 412,18 gegeben wird.

136 Sethe (Urk. II 198,2 Anm. f) glaubte, hiernach in **N** noch »des Horus« lesen zu können. Kamal 1904/05, 187 hat die Zeichen

nicht gesehen, hat allerdings sogar die ersten acht Schriftquadrate der Zeile gänzlich ausgelassen. Auf Tafel LXIII bei Kamal ist »Horus« nicht zu erkennen. Die Stele ist hier sehr stark verwittert.

137 Mit Sethe 1916, 314 ergänzen wir hier στήλην anstelle von στήλας (so OGIS I 90,53 f.). Vgl. z. B. das Kanoposdekret OGIS I 56,74.

Erläuterungen zur Inschrift

1 Grundlegend zum ptolemäischen Ägypten Huß 2001.
2 Peremans 1987.
3 Vgl. Pfeiffer 2017.
4 Ludlow/Manning 2016, 168.
5 Veïsse 2004, 278–89, 299–310.
6 Pfeiffer 2020, Nr. 1.
7 Diodor, *Historische Bibliothek* I 84,8; XVIII 14; ähnlich Iustin, *Römische Weltgeschichte* XIII 6.
8 Schäfer 2011, 74–83.
9 Zur priesterfreundlichen Politik speziell Ptolemaios' V.: Lanciers 1986 und 1987a.
10 Legras 2002, 963–991.
11 Etwa Thompson 2012, 99–117.
12 Johnson 1986, 71.
13 Zu den Verhältnissen in Kerkeosiris umfassend Crawford 1971.
14 Vgl. W.Chr. I 182; Clarysse 2003, 17–27.
15 Manning 2003, 160–164.
16 Zusammenfassend Arlt 2011.
17 Vgl. Huß 2012, 86.
18 Zu den Einkünften Huß 2012, 88.
19 Vgl. Vierros 2008, 73–86.
20 Wie sehr die Berücksichtigung von Griechischem und Demotischem nötig ist, um die ptolemäische Wirtschaft und Verwaltung zu verstehen, zeigt gerade die Studie von Manning 2003.
21 Grundlegend Muhs 2005.
22 Vgl. Assmann 1990, 201–212.
23 Clarysse / van der Veken 1983.

24 Zu den eponymen Alexanderpriestern und dem Datierungsformular grundlegend Minas-Nerpel 2000, 81–171; zum Ausschluss des ersten Ptolemäerpaares 127–131.

25 Jones 1999, 312 (hier auch zur umstrittenen Frage, wann genau die Einführung des Alexandrinischen Kalenders geschah und ob von Anfang an regelmäßig alle vier Jahre geschaltet wurde).

26 Das ist im Griechischen nur ein weiteres Mal für Ptolemaios IV. mit dem Dekret von Raphia sicher belegt; hierzu Thissen 1966, 10 f.

27 Beckerath 1999, 1–26.

28 Schweitzer 2004.

29 »Krönung« ist möglicherweise nicht der richtige Ausdruck für die Einsetzung des Pharaos, da ihm niemand die Krone aufsetzte (Stadler 2012). Aber wie § 28 des Rosettadekretes zeigt, spielte eine Krone bei den Riten zum Antritt des Königsamtes auch in Ägypten sehr wohl eine wichtige Rolle.

30 Pestman 1967, 42.

31 Vgl. Recklinghausen 2018, 46 und 235–239. Die Zusammenstellung bei El-Masry u. a. 2012, 79 f. lässt erkennen, dass die in den Dekreten genannten Priestergruppen nicht immer identisch sind bzw. gleich bezeichnet werden. Vgl. auch Pfeiffer 2004, 76–79.

32 Pfeiffer 2004, 106–109.

33 *ḥry.w-ḥb ḥry.w-dp*; El-Masry u. a. 2012, 77 und 80.

34 Papyrus Köln VII 313,1–16, mit de Frutos García / Torallas Tovar 2017, 45–57.

35 Vgl. La'da 2013, 170–174; Käppel 2021, 239, nimmt aufgrund der Verwendung des Aorists an, dass die sich auf die Tempel beziehenden Angaben weitgehend wörtlich aus dem königlichen *próstagma* mit seinen typischen Formulierungen übernommen sind.

36 Beckerath 1975.

37 Vgl. den Sammelband Harter-Uibopuu / Mitthof 2013.

38 Vgl. Anchscheschonqi 4.x+8 f. (Hoffmann/Quack 2018, 314).

39 La'da 2013, 163–209.

40 Clarysse/Vandorpe 1998, 5–42; vgl. C.Ord. Ptol. 17–18.

41 Monson 2012, 173 f.

42 Zudem wurden nun zwei Verkaufssteuern, deren Einnahmen

sich zuvor Staat und Tempel geteilt hatten, ausschließlich an den Staat abgeführt (vgl. Muhs 2005, 10, 71 f.).

43 Erichsen 1954, 441.

44 Huß 2011, 195; Preisigke 1915, 170; in der dokumentarischen Überlieferung bisher noch nicht belegt.

45 Vgl. Sethe 1916, 307.

46 Sethe 1916, 308. Das mag freilich bloß ein Fehler der insgesamt nachlässig gemachten Stele **N** sein. Käppel 2021, 241 akzeptiert hingegen den Text.

47 El-Masry u. a. 2012, 134; bestätigt nochmals im Dekret von Kanopos: Pfeiffer 2004, 63.

48 Huß 2001, 531 nimmt an, dass mit der Befreiung die »auf den Tempelgütern beschäftigten Arbeiter« gemeint seien, doch gibt der Text das nicht her. Vielmehr dürfte sich die Verfügung tatsächlich auf die Kultfunktionäre beziehen, die neben ihrem monatlichen Tempeldienst schließlich auch noch anderen Beschäftigungen nachgehen konnten.

49 Huß 2012, 53.

50 Assmann 1970, 63.

51 Papyrus Köln VII 313,1–16, mit de Frutos García / Torallas Tovar 2017.

52 Huß 2001, 493–501.

53 Polybios, *Historien* XIV 12,4.

54 Vgl. Curto 1980, dort bes. 769.

55 Bonneau 1964, 23 und Seidlmayer 2001.

56 Butzer 1982, 481. Zum Vorgehen Polybios, *Historien* XXII 17,1.

57 Es gab natürlich Extremereignisse, allerdings sehr selten. Man wird vernünftigerweise ein Gutteil des Textes als Rhetorik verstehen, mit der die Leistung des Königs ins rechte Licht gerückt werden sollte. Wesentlich *über* dem Durchschnitt liegende Fluten waren übrigens viel seltener als wesentlich unterdurchschnittliche (Seidlmayer 2001, 33).

58 Quack 2008.

59 Junker 1911.

60 Das ist als Mythenelement für den Gau von Busiris auch anderweitig belegt: Leitz 2017, 461–470.

61 Junker 1911, 57.
62 Junker 1911, 20.
63 Stele von Amada, Z. 5 (Kitchen 1982, 1,13; vgl. Wb III, 341,1).
64 Huß 2011, 270–275; Monson 2012, 77.
65 Christensen u. a. 2017, 24.
66 Schentuleit 2006, 361.
67 Monson 2012, 172; 159–184 allgemein zur ptolemäischen Landbesteuerung.
68 Zum Tierkult u. a. Hoffmann/Kessler 2011.
69 Pfeiffer 2020, Nr. 13, Z. 15–18.
70 U. a. Hornung 1981, bes. 406–411.
71 Ein knapper Überblick mit Angabe der grundlegenden Literatur bei Vercoutter 1984.
72 Vgl. Raue 2020.
73 Zu den ptolemäischen Apisstieren vgl. Thompson 2012, 177–192.
74 S. die Diskussion auf S. 31 zu möglichen Gründen.
75 Zur Errichtung einer Statuengruppe als normaler Ehrung vgl. El-Masry u. a. 2012, 180. Für das Überreichen des Siegesschwertes s. Recklinghausen 2018, 308–331.
76 Zu dieser Deutung Recklinghausen 2018, 138, 144.
77 Vgl. Recklinghausen 2018, 139 (q).
78 Zu ägyptischen Festkalendern s. Grimm 1994.
79 S. Recklinghausen 2018, 144.
80 Interessanterweise hat **g** »*die* zehn Kronen«, was eine Standardausstattung impliziert. Tatsächlich wird bereits im Dekret von 243 v. Chr. ein Schrein mit zehn Kronen erwähnt (El-Masry u. a. 2012, 127).
81 Verblüffend ist, dass das Wort für die zehn Kronen in **h** ausgerechnet mit der Doppelkrone determiniert ist. Aber vielleicht ist das sinnreich gewählt, wenn man unterstellt, dass die zehn Kronen eben Ober- und Unterägyptische Kronen umfassen. Das Determinativ wäre folglich eine Art Gesamtdeterminativ.
82 Vgl. zu dem Komplex zuletzt Recklinghausen 2018, 331–353.
83 Konventionelle ägyptologische Übersetzung, die nichts über die botanische Identifikation der Pflanze aussagt. Alternativ wird – botanisch genauso fragwürdig – auch »Lilie« übersetzt.

84 Denn in **d** wird jetzt bei den Wappenpflanzen der unbestimmte Artikel benutzt. Wären die gerade erwähnten Wappenpflanzen gemeint, zu denen noch etwas hinzukäme, sollte der bestimmte Artikel bei ihrer Wiedererwähnung stehen. Es heißt aber »*eine* Binse« (und eben nicht »*die* Binse«), so dass es eine andere Binse als die vorher genannte sein muss.

85 Vgl. den Herrinnennamen des Königs in § 1, wo in **d** und **g** die Kronengöttinnen als Uräen verstanden werden.

86 Polybios, *Historien* XVIII 55.

87 Urk. II, 211,1; Recklinghausen 2018, 156 f.

88 **N** hat »16«.

89 Die Jahreszeit *3ḫ.t* »Überschwemmungszeit« ist auch in der hieroglyphischen Version des Ersten Philädekretes noch erkennbar. Im demotischen Text des Rosettasteins ist die Stelle verschrieben, indem genau die Jahreszeit eingesetzt ist, in der das Dekret erlassen wurde. Es hat Versuche gegeben, die Unsicherheit des Schreibers damit zu erklären, dass der Tod von Ptolemaios IV. zunächst geheim gehalten wurde, weil sein Sohn noch ein kleines Kind war (Quirke/Andrews 1988, 24 Anm. 30 nach Samuel). Aber in allen anderen erhaltenen Fassungen steht die Jahreszeit richtig. Außerdem ist hier nicht der Tod von Ptolemaios IV. relevant, der schon neun Jahre zurücklag. Entscheidend ist doch, wann Ptolemaios V. als König eingeführt worden ist. Und das war entweder am Tag vor dem Rosettadekret (so z. B. Huß 1991, 195 f. Anm. 40) oder eben vier Monate vorher (so unserer Ansicht nach).

90 Helck 1964, 136–166.

91 Vgl. Pfeiffer 2004, 131.

92 Vgl. Recklinghausen 2018, 356–358.

93 Vgl. I.Magnesia 100; SEG XLI 1003, II 24–25; Ma 2005, 311–317, Nr. 18.

94 Nicht das Dekret von 182 v. Chr. (ediert von Nespoulous-Phalippou 2015).

95 Nebenbei sei bemerkt, dass im Text von Schriften gesprochen wird, nicht von Sprachen; vgl. hierzu Pfeiffer 2004, 47 mit einer Zusammenfassung der bisherigen Forschungsmeinungen dazu.

96 Einige Beispiele: Raphia, Alexandria, Philensis I und II nur hiero-

glyphisch und demotisch, Dekret vom Jahr 182 wie **N** nur hieroglyphisch. Dreisprachig sind dagegen mehrere Exemplare des Kanoposdekretes (vgl. Pfeiffer 2004, 25 f.) und natürlich **R**.

97 Eldamaty 2005.

98 Recklinghausen 2018, 360 f.

Die Entzifferung

1 Grundlegende Literatur u. a. Lagier 1927, 46–83; Erman 1986, 301–317; Parkinson 1999, 31–41; Vercoutter 1992; Grimm 2004; Buchwald/Josefowicz 2020; auch Robinson 2007, 143–163; Robinson 2014, 29–180; Thompson 2015, 109–127; Rondot 2022, bes. 188–263; Regulski 2022, 90–125. Zum 17./18. Jh. Müller-Wollermann 1995, 91–105.

2 Leclant, 1999, 16.

3 Die Bestimmung als Demotisch erfolgte durch die Orientalisten Jean-Joseph Marcel und Louis-Rémi Raige (Leclant 1999, 16 f.).

4 Hoffmann 2000, 13.

5 Vgl. Pope 1975, 11–42 (Renaissance bis 18. Jh.).

6 Für den griechischen Text des Hermapion s. jetzt Lambrecht 2001.

7 Lagier 1927, 84–96; Thompson 2015, 109.

8 Thomasson 2013.

9 Lagier 1927, 97–112; Robinson 2007.

10 Bierbrier 2019, 504.

11 Erman 1986, 306.

12 Eine chronologische Übersicht über Youngs Entzifferung von August 1814 bis Mai 1816 bei Budge 1904, Bd. 1, 68–88.

13 Hartleben 1906; vgl. auch Dewachter 1990 und Robinson 2014. Zur umfangreichen Bibliographie zu Champollion s. Kettel 1990.

14 Auch die Bayerische Akademie der Wissenschaften unter F. v. Schlichtegroll ließ eine Kopie herstellen und verbreiten (Grimm 2008, 9, 13 und 40).

15 Usick 2002.

16 Beide Texte bei Budge 1904, I 139–159, der griechische auch bei Pfeiffer 2020, 170–174 Nr. 29.

17 Schenkel 2014/15, 398.

18 Das Problem der Identifikation der richtigen Kartusche ist wesentlich komplexer, als es hier dargestellt werden kann (vgl. S. 149). Denn auf dem Obelisken befinden sich insgesamt vier verschiedene Kartuschen: zweimal »Ptolemaios«, einmal »Kleopatra«, zweimal der Thronname Ptolemaios' VIII. und einmal der Gottesname Wennefer (vgl. Lepsius 1842, Taf. 17).

19 Champollion tat später alles, um die Publikation wieder aus dem Verkehr zu ziehen (Thompson 2015, 115), was ihm aber nicht mehr vollständig gelang.

20 Pope 1975, 76; Parkinson 1999, 34.

21 Der Papyrus wird oft als »Papyrus Casati« bezeichnet, benannt nach seinem ehemaligen Besitzer. Das ist jetzt der Papyrus Paris BN 218 der Pariser Nationalbibliothek (Schenkel, 2014/15, 395–396; Rondot 2022, 216 f.).

22 Nicht in Hu bzw. Hiw (= Diospolis parva), wie meist im Gefolge von Henry Salt geschrieben wird (so z. B. Usick 2002, 79).

23 Es handelt sich um die Inschrift OGIS I 167.

24 Bankes Manuscripts, AES Ar. 387, Bd. 1, S. 92 im British Museum (Schenkel 2014/15, 400).

25 Pope 1975, 72; allgemein zum Obelisken Masséglia 2020.

26 Vgl. aber Parkinson 1999, 34, wonach nicht beweisbar ist, ob Champollion die Bleistiftnotiz zur Kenntnis nahm. Davon, dass Champollion die Notiz sah, ging seinerzeit aber jedenfalls Bankes aus (Buchwald/Josefowicz 2020, 399).

27 Champollion 1822, 44 Anm. 1; vgl. auch Erman 1986, 13 und Parkinson 1999, 35 zum Datum.

28 Champollion benutzte eine in der Schreibung des Namens »Ptolemaios« zeichengleiche waagerecht geschriebene Kartusche (seine Nr. 22). Aus graphischen Gründen nehmen wir hier eine vertikale (Nr. 23), von der Champollion ebenfalls klar war, dass sie »Ptolemaios« enthält. Die Buchstaben, die zweimal vorkommen und sich dadurch gegenseitig stützen, haben wir fett gedruckt.

29 Im Original gedrängtere Zeichenanordnung.

30 Messling 2012, 21–50; vgl. auch Regulski 2020, 224–227.

31 Für die reiche Literatur zu diesem Thema vgl. Devauchelle 1999, 363 mit Anm. 18.

32 Von all denen ganz zu schweigen, die eigene Spekulationen anstellten; vgl. Buchwald/Josefowicz 2020, 436–455.
33 Bierbrier 2019, 426–427.
34 So richtig Thompson 2015, 118.
35 Champollion 1822, 41–42.
36 Bierbrier 2019, 231.
37 Erman 1986, 13; Parkinson 1999, 35.
38 Im Original sind diese und die nächsten beiden Kartuschen vertikal geschrieben. Die Kartusche, die Champollion vorlag, wird in der Nacherzählung der Entzifferung meistens mit dem falschen *s*-Zeichen wiedergegeben; vgl. Schenkel 2002 sowie Parkinson 2005, 39 und 43.
39 Zu diesen Kartuschen s. Schenkel 2002, 88.
40 Die Endung *-is* konnte Champollion getrost ignorieren, da sie einfach ein griechisches Anhängsel an ägyptische Namen ist.
41 Schenkel 2004 (110–111 der Wortlaut des Briefes).
42 Thompson 2015, 124.
43 1824, 2. Aufl. 1827 und 1828.
44 Parkinson 1999, 38. Parkinson 2005, 45 geht dagegen von der Historizität der Reise aus.
45 Parkinson 1999, 41.
46 Mehlitz 2011; Lepper/Hafemann 2012.
47 Lepsius 1842, Taf. 18–19.
48 Hale u. a. 1858. Zur Forschungsgeschichte vgl. auch die Zusammenfassung bei Simpson 1996, 7–13.
49 Die Angabe »1861« bei Pfeiffer 2004, 26 ist ein Druckfehler.
50 Simpson 1996, 15.
51 Reinisch/Roesler 1866; Lepsius 1886; Parkinson 1999, 42.
52 Devauchelle 1999, 364.
53 Wiederabgedruckt und kommentiert von Zauzich 1986, 129–134 und Taf. 23–27.

Abbildungsnachweis

Frontispiz © The Trustees of the British Museum.
Abb. 1 aus: Hale u. a. 1858, Taf. zw. S. 56 und 57; Bildnachbearbeitung: M. Goecke-Bauer.
Abb. 2 nach: Kamal 1904/05, Taf. LXII und LXIII; Bildbearbeitung: F. Hoffmann.
Abb. 3 © P. Brose.
Abb. 4 © The Trustees of the British Museum.
Abb. 5 © P. Brose und F. Hoffmann unter Verwendung von Parkinson 1999, 26 (© The Trustees of the British Museum).
Abb. 6 Münzsammlung des Instituts für Klassische Archäologie der Universität Tübingen; Fotos: S. Krmnicek; Inv. III 41/14 (1889 erworbener Galvano des Originals im British Museum).
Abb. 7 Wikimedia Commons / CC BY 4.0.
Abb. 8 Wikimedia Commons / Musée du Louvre.
Abb. 9 Griffith Institute, Photographs of Egyptologists, 101.101.
Kartuschen auf S. 150 Champollion 1822, Taf. 1, Detail; Bearbeitung: F. Hoffmann.
Karte auf S. 200 © F. Hoffmann.

Literaturverzeichnis

Abgekürzt zitierte Literatur

CPI Bowman, A. K. [u. a.] (Hrsg.): Corpus of Ptolemaic Inscriptions. Oxford 2021 ff.

OGIS Dittenberger, W.: Orientis Graeci Inscriptiones Selectae. 2 Bde. Leipzig 1903–05.

Urk. II Sethe, K.: Hieroglyphische Urkunden der griechisch-römischen Zeit. Heft 3: Historisch-biographische Urkunden aus den Zeiten der Könige Ptolemäus Soter und Ptolemäus V. Epiphanes. Leipzig 1916.

Wb Erman, A. / Grapow, H.: Wörterbuch der aegyptischen Sprache. 5 Bde. Leipzig 1926–31.

Abkürzungen von Zeitschriften richten sich nach: https://www.ifao.egnet.net/uploads/publications/enligne/IF1216.pdf

Sonstige Titel

Amin, M. [u. a.]: Depth Map of the Rosetta Stone. Leipzig 2020. [https://nbn-resolving.org/urn:nbn:de:bsz:15-qucosa2-390309]

Andrews, C. A. R.: Rosetta Stone. In: Redford, D. B. (Hrsg.): The Oxford Encyclopedia of Ancient Egypt. Oxford 2001. S. 156–157.

Arlt, C.: Scribal Offices and Scribal Families in Ptolemaic Thebes. In: Dorman, P. F. / Bryan, B. M. (Hrsg.): Perspectives on Ptolemaic Thebes: Occasional Proceedings of the Theban Workshop. Chicago 2011. S. 17–34.

Armoni, C. / Jördens, A.: Der König und die Rebellen. Vom Umgang der Ptolemäer mit strittigen Eigentumsfragen im Gefolge von Bürgerkriegen. Chiron 48 (2018) S. 77–106.

Assmann, J.: Der König als Sonnenpriester. Ein kosmographischer Begleittext zur kultischen Sonnenhymnik in thebanischen Tempeln und Gräbern. Glückstadt 1970.

– Ma'at. Gerechtigkeit und Unsterblichkeit im Alten Ägypten. München 1990.
Beckerath, J. v.: Amnestie. In: Helck, W. / Otto, E. (Hrsg.): Lexikon der Ägyptologie. Bd. 1. Wiesbaden 1975. Sp. 224–225.
– Handbuch der ägyptischen Königsnamen. Mainz [2]1999.
Bernand, A.: De Thèbes à Syène. Paris 1989.
– La Prose sur pierre dans l'Égypte hellénistique et romaine. 2 Bde. Paris 1992.
Bernand, É.: Inscriptions grecques d'Égypte et de Nubie au Musée du Louvre. Paris 1992.
– Inscriptions grecques d'Alexandrie ptolémaïque. Kairo 2001.
Bierbrier, M. L.: Who was who in Egyptology. London [5]2019.
Birk, R.: Der Rand des Rosettasteins. Eine Neulesung von Z. 1 des hieroglyphischen Texts. CdE 96 (2021) S. 10–22.
Bonneau, D.: La crue du Nil. Divinité égyptienne à travers mille ans d'histoire (332 av. – 641 ap. J.-C.) d'après les auteurs grecs et latins, et les documents des époques ptolémaïque, romaine et byzantine. Paris 1964.
Bouriant, U.: La stèle 5576 du Musée de Boulaq et l'inscription de Rosette. RecTrav 6 (1885) S. 1–20.
Brugsch, H.: Die Inschrift von Rosette nach ihrem ägyptisch-demotischen Texte sprachlich und sachlich erklärt. Teil 1: Sammlung demotischer Urkunden mit gleichlautenden hieroglyphischen Texten als nächste Grundlage zur Entzifferung der Inschrift von Rosette, größtentheils zum ersten Male veröffentlicht. Berlin 1850.
– Inscriptio Rosettana hieroglyphica. Vel interpretatio decreti Rosettani sacra lingua litterisque sacris veterum Aegyptiorum redactae partis. Berlin 1851.
Buchwald, J. Z. / Josefowicz, D. G.: The Riddle of the Rosetta. How an English Polymath and a French Polyglot Discovered the Meaning of Egyptian Hieroglyphs. Princeton (NJ) / Oxford 2020.
Budge, E. A. W.: The Decrees of Memphis and Canopus. Bde. 1–2: The Rosetta Stone. London 1904.
Butzer, K. W.: Nil. In: Helck, W. / Westendorf, W. (Hrsg.): Lexikon der Ägyptologie. Bd. 4. Wiesbaden 1982. Sp. 480–483.
Champollion le jeune, [J. F.]: Lettre à M. Dacier, secrétaire perpétuel

de l'Académie Royale des Inscriptions et Belles-Lettres, relative à l'alphabet des hiéroglyphes phonétiques employés par les Égyptiens pour inscrire sur leurs monuments les titres, les noms et les surnoms des souverains grecs et romains. Paris 1822.

Christensen, T. [u. a.]: Land and Taxes in Ptolemaic Egypt. An Edition, Translation and Commentary for the Edfu Land Survey (P. Haun. IV 70). Cambridge 2017.

Clarysse, W.: Ptolémées et temples. In: Valbelle, D. / Leclant, J. (Hrsg.): Le décret de Memphis. Colloque de la Fondation Singer-Polignac à l'occasion de la célébration du bicentenaire de la découverte de la Pierre de Rosette. Paris, 1er juin 1999. Paris 2000. S. 41–62.

– The Archive of the praktor Milon. In: Vandorpe, K. / Clarysse, W. (Hrsg.): Edfu, an Egyptian Provincial Capital in the Ptolemaic Period. Brüssel 2003. S. 17–27.

Clarysse, W. / Thompson, D. J.: Counting the People in Hellenistic Egypt. Bd. 2: Historical Studies. Cambridge 2006.

Clarysse, W. / van der Veken, G.: The Eponymous Priests of Ptolemaic Egypt. Chronological Lists of the Priests of Alexandria and Ptolemais with a Study of the Demotic Transcriptions of their Names. Leiden 1983.

Clarysse, W. / Vandorpe, K.: The Ptolemaic Apomoira. In: Melaerts, H. (Hrsg.): Le culte du souverain dans l'Égypte ptolémaïque au IIIe siècle avant notre ère. Löwen 1998. S. 5–42.

Collier, S. A.: The Crowns of Pharaoh: their Development and Significance in Ancient Egyptian Kingship. Diss. Los Angeles 1996. Ann Arbor 2001.

Crawford, D. J.: Kerkeosiris, an Egyptian Village in the Ptolemaic Period. Cambridge 1971.

Curto, S.: Krieg. In: Helck, W. / Westendorf, W. (Hrsg.): Lexikon der Ägyptologie. Bd. 3. Wiesbaden 1980. Sp. 765–786.

Daumas, F.: Les moyens d'expression du grec et de l'égyptien comparés dans les décrets de Canope et de Memphis. Kairo 1952.

Dawson, W. R.: The Discoverer of the Rosetta Stone: a Correction. JEA 44 (1958) S. 123.

de Cenival, F. / Yoyotte, J.: Le papyrus démotique CG 31169 du musée du Caire. In: Zivie-Coche, C. / Guermeur, I. (Hrsg.): »Parcourir

l'éternité«. Hommages à Jean Yoyotte. Bd. 1. Turnhout 2012. S. 239–279.
de Frutos García, A. / Torallas Tovar, S.: New Fragments of the Amnesty Decree of October 9, 186 BCE. BASP 54 (2017) S. 45–57.
Devauchelle, D.: Fragments de décrets ptolémaïques en langue égyptienne conservés au musée du Louvre. RdE 37 (1986) S. 45–51.
– La pierre de Rosette. Présentation et traduction. Paris 1990.
– De la Pierre de Rosette à Champollion. In: Bret, P. (Hrsg.): L'expédition d'Égypte, une entreprise des Lumières 1798–1801. Actes du colloque international organisé par l'Académie des inscriptions et belles-lettres et l'Académie des sciences, sous les auspices de l'Institut de France et du Muséum national d'histoire naturelle, 8–10 juin 1998. Paris 1999. S. 359–364.
Dewachter, M.: Champollion. Un scribe pour l'Égypte. Paris 1990.
– Du Texte au Signe. La pierre de Rosette et les premières collections d'antiquités égyptiennes. BSFE 146 (1999) S. 25–58.
Dils, P.: La couronne d'Arsinoé II Philadelphe. In: Clarysse, W. / Schoors, A. / Willems, H. (Hrsg.): Egyptian Religion. The Last Thousand Years. Studies Dedicated to the Memory of Jan Quaegebeur. Bd. 2. Löwen 1998. S. 1299–1330.
Dils, P. / Raue, D.: Neue Wege zu Alter Weisheit. 200 Jahre Entzifferung der altägyptischen Hieroglyphen. aMun 65 (2022) S. 4–8.
Eldamaty, M.: Ein ptolemäisches Priesterdekret aus dem Jahr 186 v. Chr. Eine neue Version von Philensis II in Kairo. München/Leipzig 2005.
El-Masry, Y. / Altenmüller, H. / Thissen, H.-J.: Das Synodaldekret von Alexandria aus dem Jahre 243 v. Chr. Hamburg 2012.
Engels, J.: Macedonians and Greeks. In: Roisman, J. / Worthington, I. (Hrsg.): A Companion to Ancient Macedonia. Malden (MA) 2011. S. 81–98.
Engsheden, Å.: La reconstitution du verbe en égyptien de tradition 400–30 avant J.-C. Uppsala 2003.
Erichsen, W.: Demotisches Glossar. Kopenhagen 1954.
Erman, A.: Akademieschriften (1880–1928). Teil 2. Leipzig 1986.
Fiechter, J. J.: La Pierre de Rosette et les autres antiquités égyptiennes prises par les Anglais en 1801. RdE 48 (1997) S. 283–289.

Fischer-Bovet, Chr.: Army and Society in Ptolemaic Egypt. Cambridge [u. a.] 2014.
Fraser, P. M.: An Unpublished Fragment of the Memphian Decree of 196 B. C. BSAA 41 (1956) S. 49–55.
Gauthier, H. / Sottas, H.: Un décret trilingue en l'honneur de Ptolémée IV. Kairo 1925.
Gillispie, C. C. / Dewachter, M. (Hrsg.): Monuments of Egypt. The Napoleonic Edition. The Complete Archaeological Plates from *La Description de l'Egypte*. Princeton (NJ) / New York 1987.
Gladic, D. A.: Das Dekret von Memphis. Kommentar und Auswertung. Diss. Trier 2015. [https://doi.org/10.25353/ubtr-xxxx-416a-1269]
Grimm, A.: Die altägyptischen Festkalender in den Tempeln der griechisch-römischen Epoche. Wiesbaden 1994.
– Zimmer mit Aussicht oder Wir entziffern nicht mehr, wir lesen. Eine wissenschaftsgeschichtliche Collage zur Entzifferungsgeschichte der Hieroglyphen 1800–1850. In: Burkard, G. / Grimm, A. / Schoske, S. / Verbovsek, A. (Hrsg.): Kon-Texte. Akten des Symposions »Spurensuche – Altägypten im Spiegel seiner Texte«. München, 2. bis 4. Mai 2003. Wiesbaden 2004. S. 7–35.
– Im Banne der Hieroglyphen oder Auf der Suche nach der verlorenen Sprache. Friedrich von Schlichtegroll und die Sammlung ägyptischer Altertümer der Königlich Bayerischen Akademie der Wissenschaften zu München. München 2008.
Habachi, L.: Sais and its Monuments. ASAE 42 (1943) S. 369–407.
Hale, C. R. [u. a.]: Report of the Committee Appointed by the Philomathean Society of the University of Pennsylvania to Translate the Inscription on the Rosetta Stone. Philadelphia (PA) 1858. [https://archives.upenn.edu/digitized-resources/docs-pubs/philomathean/rosetta-stone-report-1858]
Harter-Uibopuu, K. / Mitthof, F. (Hrsg.): Vergeben und Vergessen? Amnestie in der Antike. Wien 2013.
Hartleben, H.: Champollion. Sein Leben und sein Werk. 2 Bde. Berlin 1906.
Helck, W.: Feiertage und Arbeitstage in der Ramessidenzeit. JESHO 7 (1964) S. 136–166.

Hoffmann, F.: Ägypten. Kultur und Lebenswelt in griechisch-römischer Zeit. Eine Darstellung nach den demotischen Quellen. Berlin 2000.

Hoffmann, F. / Kessler, D.: Tierkult. In: Recklinghausen, D. v. / Stadler, M. A. (Hrsg.): Kult-Orte. Mythen, Wissenschaft und Alltag in den Tempeln Ägyptens. Berlin 2011. S. 142–159.

Hoffmann, F. / Minas-Nerpel, M. / Pfeiffer, S.: Die dreisprachige Stele des C. Cornelius Gallus. Übersetzung und Kommentar. Berlin / New York 2009.

Hoffmann, F. / Quack, J. F.: Anthologie der demotischen Literatur. Berlin 22018.

Hornung, E.: Von zweierlei Grenzen im alten Ägypten. In: Portmann, A. / Ritsema, R. (Hrsg.): Grenzen und Begrenzung / Extremes and borders / Les extrêmes et la limite. Frankfurt a. M. 1981. S. 393–427.

Huß, W.: Die in ptolemäischer Zeit verfaßten Synodal-Dekrete der ägyptischen Priester. ZPE 88 (1991) S. 189–208.

– Ägypten in hellenistischer Zeit. 332–30 v. Chr. München 2001.

– Die Verwaltung des ptolemaiischen Reichs. München 2011.

– Die Wirtschaft Ägyptens in hellenistischer Zeit. München 2012.

Jansen-Winkeln, K.: Inschriften der Spätzeit. Bd. IV 1. Wiesbaden 2014.

Johnson, J. H.: The Role of the Egyptian Priesthood in Ptolemaic Egypt. In: Lesko, L. H. (Hrsg.): Egyptological Studies in Honor of Richard A. Parker: Presented on the Occasion of His 78th Birthday, December 10, 1983. Hanover (NH) [u. a.] 1986. S. 70–84.

Jones, A.: Astronomical Papyri from Oxyrhynchus (P. Oxy 4133–4300a). 2 Bde. in 1. Philadelphia (PA) 1999.

Jullien, L.: Campagne d'Égypte de Bonaparte – L'affaire Alqam ou l'assassinat de Thomas Prosper Jullien, aide de camp de Bonaparte en Égypte. Saarbrücken 2016.

Junker, H.: Der Auszug der Hathor-Tefnut aus Nubien. Berlin 1911.

Käppel, E. C.: Die Prostagmata der Ptolemäer. Paderborn 2021.

Kamal, A.: Stèles ptolémaiques et romaines. 2 Bde. Kairo 1904/05.

Kettel, J.: Jean-François Champollion le Jeune. Répertoire de bibliographie analytique 1806–1989. Paris 1990.

Kitchen, K. A.: Ramesside Inscriptions. Historical and Biographical. Bd. 4. Oxford 1982.

Klaffenbach, G.: Griechische Epigraphik. Göttingen 1957.
La'da, C. A.: Amnesty in Hellenistic Egypt. A Survey of the Sources. In: Harter-Uibopuu, K. / Mitthof, F. (Hrsg.): Vergeben und Vergessen? Amnestie in der Antike. Wien 2013. S. 163–209.
Lagier, C.: Autour de la pierre de Rosette. Brüssel 1927.
Lambrecht, B.: L'obélisque d'Hermapion (Ammien Marcellin, *Res Gestae*, XVII, 4, 17–23). Le Muséon 114 (2001) S. 51–95.
Lanciers, E.: Die ägyptischen Tempelbauten zur Zeit des Ptolemaios V. Epiphanes (204–180 v. Chr.). MDAIK 42 (1986) S. 81–98.
– Die ägyptischen Tempelbauten zur Zeit des Ptolemaios V. Epiphanes (204–180 v. Chr.). MDAIK 43 (1987) S. 173–182. [Zit. als Lanciers 1987a.]
– Die Stele CG 22184: Ein Priesterdekret aus der Regierungszeit des Ptolemaios VI. Philometor. GM 95 (1987) S. 53–61. [Zit. als Lanciers 1987b.]
Leclant, J.: Le Lieutenant Bouchard, l'Institut d'Égypte et la pierre de Rosette. BSFE 146 (1999) S. 6–24.
Leclère, F.: Les villes de Basse Égypte au Ier millénaire av. J.-C. Analyse archéologique et historique de la topographie urbaine. Kairo 2008.
Legras, B.: Les experts égyptiens à la cour des Ptolémées. Revue Historique 126 (2002) S. 963–991.
Leitz, C.: Die regionale Mythologie Ägyptens nach Ausweis der geographischen Prozessionen in den späten Tempeln. Wiesbaden 2017.
Lepper, V. M. / Hafemann, I. (Hrsg.): Karl Richard Lepsius. Der Begründer der deutschen Ägyptologie. Berlin 2012.
Lepsius, R.: Auswahl der wichtigsten Urkunden des ægyptischen Alterthums, theils zum erstenmale, theils nach den Denkmælern berichtigt, herausgegeben und erlæutert. Leipzig 1842.
– Das bilingue Dekret von Kanopus in der Originalgröße mit Übersetzung beider Texte. Berlin 1886.
Leroux, N.: Les recommandations aux prêtres dans les temples ptolémaïques et romains. Esquisse d'un héritage culturel et religieux. Wiesbaden 2018.
Ludlow, F. / Manning, J. G.: Revolts under the Ptolemies: A Paleoclimatological Perspective. In: Collins, J. J. / Manning, J. G. (Hrsg.):

Revolt and Resistance in the Ancient Classical World and the Near East. In the Crucible of Empire. Leiden 2016. S. 154–171.
Ma, J.: Antiochos III and the Cities of Western Asia Minor. Oxford 2005.
Manning, J. G.: Land and Power in Ptolemaic Egypt. The Structure of Land Tenure. Cambridge 2003.
Masséglia, J.: Imaging Inscriptions. The Kingston Lacy Obelisk. In: Bowman, A. / Crowther, C. (Hrsg.): The Epigraphy of Ptolemaic Egypt. Oxford 2020. S. 9–19.
Mehlitz, H.: Richard Lepsius. Ägypten und die Ordnung der Wissenschaft. Berlin 2011.
Messling, M.: Champollions Hieroglyphen. Philologie und Weltaneignung. Berlin 2012.
Middleton, A. / Klemm, D.: The geology of the Rosetta Stone. JEA 89 (2003) S. 207–216.
Minas-Nerpel, M.: Die hieroglyphischen Ahnenreihen der ptolemäischen Könige. Ein Vergleich mit den Titeln der eponymen Priester in den demotischen und griechischen Papyri. Mainz 2000.
Möller, G.: Hieratische Paläographie. Die aegyptische Buchschrift in ihrer Entwicklung von der fünften Dynastie bis zur römischen Kaiserzeit. Bd. 3. Leipzig [2]1936.
Monson, A.: From the Ptolemies to the Romans. Political and Economic Change in Egypt. Cambridge [u. a.] 2012.
Müller-Wollermann, R.: Ägyptische und chinesische Charaktere. Zur Entzifferungsgeschichte der Hieroglyphen im 17. und 18. Jahrhundert. In: Gestermann, L. / Sternberg-El Hotabi, H. (Hrsg.): *Per aspera ad astra.* Wolfgang Schenkel zum neunundfünfzigsten Geburtstag. Kassel 1995. S. 91–105.
Muhs, B. P.: Tax Receipts, Taxpayers, and Taxes in Early Ptolemaic Thebes. Chicago 2005.
Nespoulous-Phalippou, A.: Ptolémée Épiphane, Aristonikos et les prêtres d'Égypte. Le Décret de Memphis (182 a. C.). Édition commentée des stèles Caire RT 2/3/25/7 et JE 44901. 2 Bde. Montpellier 2015.
Nilsson, M.: The Crown of Arsinoe II. The Creation and Development of an Imagery of Authority. Gothenburg 2012.

Otto, W.: Priester und Tempel im hellenistischen Ägypten. Ein Beitrag zur Kulturgeschichte des Hellenismus. 2 Bde. Leipzig/Berlin 1905/08.

Parkinson, R.: Cracking Codes. The Rosetta Stone and Decipherment. London 1999.

– The Rosetta Stone. London 2005.

Peremans, W.: Les Lagides, les élites indigènes et la monarchie bicéphale. In: Levy, T. (Hrsg.): Le système palatial en Orient, en Grèce et à Rome. Actes du Colloque de Strasbourg, 19–22 juin 1985. Leiden 1987. S. 328–343.

Pestman, P. W.: Chronologie égyptienne d'après les textes démotiques (332 av. J.-C. – 453 ap. J.-C.). Leiden 1967.

Pfeiffer, S.: Das Dekret von Kanopos (238 v. Chr.). Kommentar und historische Auswertung eines dreisprachigen Synodaldekretes der ägyptischen Priester zu Ehren Ptolemaios' III. und seiner Familie. München/Leipzig 2004.

– Alexandria in Ägypten, Ägypten in Alexandria. Das kulturelle Erbe der Pharaonen in einer griechischen Weltstadt. Halle 2017.

– Griechische und lateinische Inschriften zum Ptolemäerreich und zur römischen Provinz Aegyptus. Berlin [2]2020.

Pope, M.: The Story of Decipherment. From Egyptian Hieroglyphs to Linear B. London 1975.

Preisigke, F.: Fachwörter des öffentlichen Verwaltungsdienstes Ägyptens in den griechischen Papyrusurkunden der ptolemäisch-römischen Zeit. Göttingen 1915.

– Wörterbuch der griechischen Papyrusurkunden mit Einschluß der griechischen Inschriften, Aufschriften, Ostraka, Mumienschilder usw. aus Ägypten. 2 Bde. Berlin 1924/27.

Quack, J. F.: Organiser le culte idéal. Le Manuel du temple égyptien. BSFE 160 (2004) S. 9–25.

– Lokalressourcen oder Zentraltheologie? Zur Relevanz und Situierung geographisch strukturierter Mythologie im Alten Ägypten. ARG 10 (2008) S. 5–29.

– Sarapis – Bemerkungen aus der Sicht eines Ägyptologen. In: Zenzen, N. / Hölscher, T. / Paarmann, B. / Trampedach, K. (Hrsg.): Aneignung und Abgrenzung. Wechselnde Perspektiven auf die Anti-

these von ›Ost‹ und ›West‹ in der griechischen Antike. Heidelberg 2013. S. 229–255.
– Rohrfedertorheiten? Bemerkungen zum römerzeitlichen Hieratisch. In: Verhoeven, U. (Hrsg.): Ägyptologische »Binsen«-Weisheiten I–II: Neue Forschungen und Methoden der Hieratistik. Akten zweier Tagungen in Mainz im April 2011 und März 2013. Stuttgart 2015. S. 435–468.
Quirke, S. / Andrews, C.: The Rosetta Stone. Facsimile Drawing. With an Introduction and Translations. London 1988.
Raphaël, M.: Un nouveau décret ptolémaïque. In: Mélanges Maspero I. Kairo 1938. S. 509–512.
Raue, D.: Religion et politique au cœur de l'ancienne Égypte: le temple d'Héliopolis. Annuaire de l'École pratique des hautes études (EPHE). Section des sciences religieuses. Résumé des conférences et travaux 125 (2018) S. 93–108.
– Reise zum Ursprung der Welt. Die Ausgrabungen im Tempel von Heliopolis. Darmstadt 2020.
Recklinghausen, D. v.: Die Philensis-Dekrete. Untersuchungen über zwei Synodaldekrete aus der Zeit Ptolemaios' V. und ihre geschichtliche und religiöse Bedeutung. 2 Teile. Wiesbaden 2018.
Regulski, I.: The Rosetta Stone, Copying an Ancient Copy. In: Davies, V. / Laboury, D. (Hrsg.): The Oxford Handbook of Egyptian Epigraphy and Palaeography. Oxford 2020. S. 215–228.
– Hieroglyphs. Unlocking ancient Egypt. London 2022.
Reinisch, S. L. / Roesler, E. R.: Die zweisprachige Inschrift von Tanis zum ersten Male herausgegeben und übersetzt. Wien 1866.
Robinson, A.: The Last Man who Knew Everything. Thomas Young, the Anonymous Polymath who Proved Newton Wrong, Explained How we See, Cured the Sick, and Deciphered the Rosetta Stone, among Other Feats of Genius. Oxford 2007. [Nachdr.]
– Wie der Hieroglyphencode geknackt wurde. Das revolutionäre Leben des Jean-François Champollion. Darmstadt 2014.
Roeder, G.: Kulte, Orakel und Naturverehrung im alten Ägypten. Zürich/Stuttgart 1960.
Rondot, V. (Hrsg.): Champollion. La voie des hiéroglyphes. Lens [u. a.] 2022.

Schäfer, D.: Makedonische Pharaonen und hieroglyphische Stelen. Historische Untersuchungen zur Satrapenstele und verwandten Denkmälern. Löwen 2011.
Schenkel, W.: Ramses: Die Erfindung einer Graphie in der Nacherzählung der Entzifferungsgeschichte der Hieroglyphen. GM 191 (2002) S. 85–88.
– Ramses, Ptolemaios und die Sprache der Hieroglyphen: Noch einmal zur Nacherzählung der Entzifferungsgeschichte der Hieroglyphen. GM 198 (2004) S. 105–112.
– Champollions Kleopatra. MDAIK 70/71 (2014/15) S. 393–404.
Schentuleit, M.: Aus der Buchhaltung des Weinmagazins im Edfu-Tempel. Der demotische P. Carlsberg 409. Kopenhagen 2006.
Schweitzer, S.: Zur Lesung von 𓅃 [G5] in den Goldnamen des Alten Reiches. GM 201 (2004) S. 91–94.
Seidlmayer, S. J.: Historische und moderne Nilstände. Untersuchungen zu den Pegelablesungen des Nils von der Frühzeit bis in die Gegenwart. Berlin 2001.
Sethe, K.: Zur Geschichte und Erklärung der Rosettana. In: Nachrichten von der Königlichen Gesellschaft der Wissenschaften zu Göttingen. Philologisch-historische Klasse aus dem Jahr 1916. Berlin 1916. S. 275–314.
Simpson, R. S.: Demotic Grammar in the Ptolemaic Sacerdotal Decrees. Oxford 1996.
– Translation of the Demotic Text of the Rosetta Stone. In: Parkinson 2005. S. 57–60.
Spiegelberg, W.: Der demotische Text der Priesterdekrete von Kanopus und Memphis (Rosettana) mit den hieroglyphischen und griechischen Fassungen und deutscher Uebersetzung nebst demotischem Glossar. Heidelberg 1922. [Zit. als Spiegelberg 1922a.]
– Das Verhältnis der griechischen und ägyptischen Texte in den zweisprachigen Dekreten von Rosette und Kanopus. Berlin/Leipzig 1922. [Zit. als Spiegelberg 1922b.]
– Demotische Grammatik. Heidelberg ^{2}1975. [Nachdr.]
Stadler, M. A.: Die Krönung der Ptolemäer zu Pharaonen. Würzburger Jahrbücher für die Altertumswissenschaft. N. F. 36 (2012) S. 59–95.
Thissen, H. J.: Studien zum Raphiadekret. Meisenheim am Glan 1966.

Thomasson, F.: The Life of J. D. Åkerblad. Egyptian Decipherment and Orientalism in Revolutionary Times. Leiden/Boston 2013.
Thompson, D. J.: Memphis under the Ptolemies. Princeton (NJ) / Oxford ²2012.
Thompson, J.: Wonderful Things, a History of Egyptology. Bd. 1: From Antiquity to 1881. Kairo 2015.
Usick, P.: Adventures in Egypt and Nubia. The Travels of William John Bankes (1786–1855). London 2002.
Veïsse, A.-E.: Les ›Révoltes égyptiennes‹. Recherches sur les troubles intérieurs en Égypte du règne de Ptolémée III à la conquête romaine. Löwen 2004.
Vercoutter, J.: Serapeum. In: Helck, W. / Westendorf, W. (Hrsg.): Lexikon der Ägyptologie. Bd. 5. Wiesbaden 1984. Sp. 868–870.
– Le dechiffrement des hieroglyphes égyptiens. 1680–1840. In: Luft, U. (Hrsg.): The Intellectual Heritage of Egypt. Budapest 1992. S. 579–586.
Vierros, M.: Greek or Egyptian? The Language Choice in Ptolemaic Documents from Pathyris. In: Delattre, A. / Heilporn, P. (Hrsg.): Thèbes et sa région aux époques hellénistique, romaine et byzantine. Actes du colloque tenu à Bruxelles les 2 et 3 décembre 2005. Brüssel 2008. S. 73–86.
Vittmann, G.: Rosettana. In: Thesaurus Linguae Aegyptiae. [http://aaew.bbaw.de/tla/ (Version vom 31. Oktober 2014).]
Vleeming, S.: Two Greek-Demotic Notes. Enchoria 15 (1987) S. 155–162.
Vleeming, S. P.: Some Coins of Artaxerxes and Other Short Texts in the Demotic Script Found on Various Objects and Gathered from Many Publications. Löwen [u. a.] 2001.
– Demotic and Greek-Demotic Mummy Labels and Other Short Texts Gathered from Many Publications (Short Texts II 278–1200). 2 Bde. Löwen [u. a.] 2011.
Wilson, P.: A Ptolemaic Lexikon. A Lexicographical Study of the Texts in the Temple of Edfu. Löwen 1997.
Zauzich, K.-Th.: 150 Jahre Erforschung demotischer Ostraka. Enchoria 14 (1986) S. 129–134.
Zivie, C. M.: Memphis. In: Helck, W. / Westendorf, W. (Hrsg.): Lexikon der Ägyptologie. Bd. 4. Wiesbaden 1982. Sp. 24–41.

Chronologische Übersicht

9. Oktober 211 oder 8. Oktober 210 v. Chr: Geburt Ptolemaios' V.

204 v. Chr.: Tod Ptolemaios' IV. und Ausrufung Ptolemaios' V. zum König (*basileús*)

Regierungsjahr 8 (198/197 v. Chr.)
spätestens Mai/Juni 197: Dammbau um Lykonpolis
Anfang Juni: allmählicher Beginn der Nilflut in Elephantine
›schnelle‹ Eroberung von Lykonpolis

Regierungsjahr 9 (197/196 v. Chr.)
Versammlung der ägyptischen Priester in Memphis
26. November 197 (= 17. Tag des 2. Monats der Überschwemmungszeit): ägyptische Thronbesteigung Ptolemaios' V. und Hinrichtung der Rebellen in Memphis
Beginn der Synode
27. März 196 (= 18. Tag des 2. Monats des Winters): Beschlussdekret der Priestersynode (Rosettana)

spätestens 194/193 v. Chr.: Errichtung des Rosettasteins (**R**) (denn 194/193 heiratet Ptolemaios V. Kleopatra I.)

Regierungsjahr 19 (187/186 v. Chr.)
6. September 186: Zweites Philädekret – Nachricht vom endgültigen Sieg über die Rebellen; zusätzliche Ehrungen

Regierungsjahr 21 (185/184 v. Chr.)
29. Oktober 185: Erstes Philädekret – Ausdehnung der Ehrungen auf die Königin

Regierungsjahr 23 (183/182 v. Chr.)
29. Mai 182 (= 24. Tag des 4. Monats des Winters): Datum der Stele **N**

Regierungsjahr 25 (181/180 v. Chr.):
Frühjahr 180: Vergiftung Ptolemaios' V.

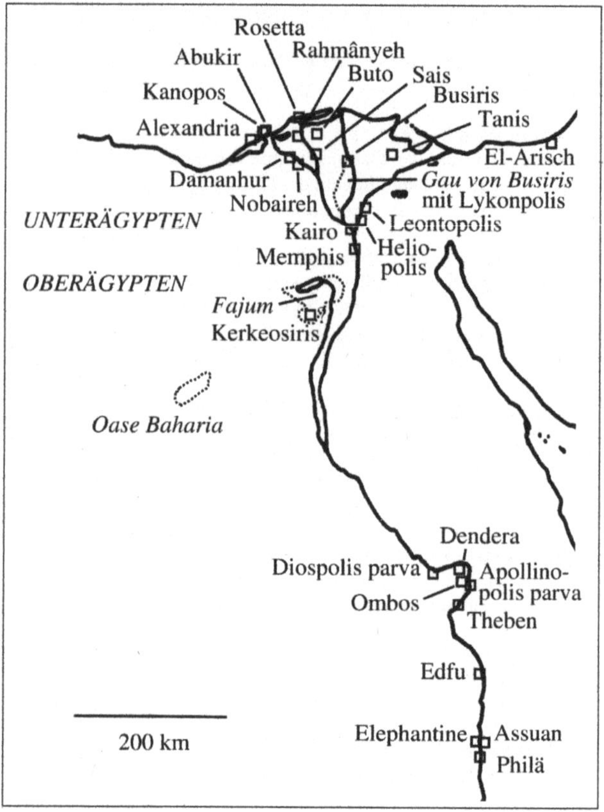

Nur im Text genannte Orte sind verzeichnet.